浙江省新型重点专业智库“政府监管与公共政策研究院”
浙江省2011协同创新中心“城市公用事业政府监管协同创新中心”
中国工业经济学会产业监管专业委员会
中国城市科学研究会城市公用事业改革与监管专业委员会
中国能源研究会能源监管专业委员会

政府管制评论
REGULATION REVIEW

2018年第2辑（总第15辑）

王俊豪 ◎ 主编

中国财经出版传媒集团

经济科学出版社
Economic Science Press

图书在版编目（CIP）数据

政府管制评论．2018 年．第 2 辑：总第 15 辑／王俊豪主编．—北京：经济科学出版社，2019.3

ISBN 978－7－5218－0430－0

Ⅰ．①政…　Ⅱ．①王…　Ⅲ．①政府管制－研究　Ⅳ．①F20

中国版本图书馆 CIP 数据核字（2019）第 057973 号

责任编辑：凌　敏
责任校对：蒋子明
责任印制：李　鹏

政府管制评论
2018 年第 2 辑（总第 15 辑）
王俊豪　主编
经济科学出版社出版、发行　新华书店经销
社址：北京市海淀区阜成路甲 28 号　邮编：100142
教材分社电话：010－88191343　发行部电话：010－88191522
网址：www.esp.com.cn
电子邮件：lingmin@esp.com.cn
天猫网店：经济科学出版社旗舰店
网址：http://jjkxcbs.tmall.com
北京密兴印刷有限公司印装
787×1092　16 开　8.25 印张　160000 字
2019 年 4 月第 1 版　2019 年 4 月第 1 次印刷
ISBN 978－7－5218－0430－0　定价：40.00 元
（图书出现印装问题，本社负责调换。电话：010－88191510）

目　录

政府管制、非正规部门与企业贿赂行为

——来自转型国家的实证依据

温湖炜　舒斯哲*

摘　要　本文利用第三方权威机构提供的关于2006～2017年转型国家的企业问卷调查数据，揭示来自非正规部门的灰色竞争与企业贿赂行为之间的关系。实证结果显示：非正规部门的存在及其灰色竞争行为的确会影响正规企业的贿赂行为；法制水平与行业技术壁垒会弱化非正规部门对企业贿赂的正向边际效应，而政府对企业管制越位会强化非正规部门对企业贿赂的正向边际效应。为了降低自身合法利益遭受非正规生产单元的侵害程度，企业选择贿赂公职人员的非市场化竞争策略，激励政府机构提高行政审批、公共服务效率以及加强对非正规生产单元的管制。如何处理好非正规部门的管制缺位，保障正规企业的合法利益，应该是转型经济国家优化营商环境的政策着手点。

关键词　非正规部门　灰色竞争　营商环境

一、引言

我国实体经济当前面临着转型的困境及其衍生的固定资产投资增长率下滑、缺乏自主创新活力以及发展绩效堪忧等一系列问题，为此，降低制度性交易成本、营造良好的营商环境以及激发企业家创新创业精神愈发凸显出紧迫性和重

* ［作者简介］温湖炜，南昌大学中国中部经济社会发展研究中心，南昌大学经济管理学院，330031；舒斯哲，南昌大学经济管理学院，330031。

［基金项目］江西省自然科学基金管理科学项目“非正规部门竞争与中国制造业企业创新行为关系研究”（20181BAA208004）。

要性。党的十八大以来，我国政府正式将营商环境建设提升到国家发展战略高度，并将营商环境作为新一轮科学发展中获取竞争优势的制胜法宝，提出要不断优化营商环境以激发和保护企业家精神。2018 年，国务院常务会议首个议题即是对进一步优化营商环境做出部署，强调以深化“放管服”改革为抓手，持续激发市场活力和社会创造力。与此相呼应，全国各地纷纷出台政策措施，致力于优化实体经济发展赖以生存的营商环境。作为转型经济制度不完善的典型特征，非正规部门的生产组织往往游离于现行的法律框架和政府管制之外，其活跃程度与政府管制和腐败问题之间存在错综复杂的关系（Hudson et al.，2012；Dutta et al.，2013），被认为是阻碍转型国家实体经济发展最为重要的营商环境因素之一。然而，由于非正规部门在满足低端市场需求、提供就业机会以及促进经济增长等方面有着积极贡献，转型经济国家就如何对待非正规的生产组织存在困惑，针对非正规部门发展的政策导向也并不明确。

非正规生产组织广泛存在于世界各地尤其是转型经济和欠发达国家，为发展中国家的国民经济和就业做出了积极贡献（Webb et al.，2013）。据统计，全球大约有 60% 以上的劳动人口为非正规部门就业，发展中国家的非正规部门对国内生产总值的贡献高达 25% ~75% 不等（Goto and Mano，2012；Williams and Youssef，2013）。但是，由于天然具有“隐蔽性”特征，非正规部门受政府监管与规制的执行效率普遍较低，往往能够通过逃避法律法规管制、生产伪劣假冒品、“打擦边球”以及侵犯知识产权等行为形成的不公平市场竞争优势，对正规企业的运营造成了明显干扰和形成了直接竞争（张峰等，2016）。非正规部门的典型代表是以生产仿制品、假冒伪劣品和低质量产品为主要特征的山寨式生产单元，通过各种线上线下的渠道以价格优势流通于产品市场，满足低端产品的市场需求和中低收入群体的消费需求（温湖炜，2018）。拼多多在美国上市引发了国内媒体对制造业领域山寨产品的担忧，拼多多 APP 的山寨产品走红与争议背后的逻辑实际是扎根于现实经济中非正规生产单元对正规企业品牌声誉和合法市场利益的侵害现象。世界银行关于中国的营商环境最新调查数据显示，我国制造业领域 51.67% 的企业遭受了来自非正规生产单元的灰色竞争，非正规部门的管制缺位已经成为阻碍民营企业发展最重要的营商环境因素之一。许多企业家抱怨在经营过程中遭受了非正规生产单元的“不道德行为”，非正规部门的灰色竞争成了普遍现象。

本文认为非正规部门的存在及其灰色竞争行为会侵害正规企业的合法市场利益，对企业的运营造成负面影响和产生不利干扰，迫使正规企业选择贿赂公职人员的非市场化竞争策略，以提高行政审批效率、降低公共服务等待时间以及获得有利的市场管制。具体而言，利用世界银行（2018）提供的关于 2006 ~ 2017 年转型经济国家的企业问卷调查数据，通过实证研究方法揭示来自非正规部门的灰色竞争与企业贿赂行为之间的关系，能够为决策者治理腐败问题、引导非正规生产单元发展等营商环境优化政策提供实证依据。本文的主要贡献在于：研究视角上，基于非正规部门灰色竞争的视角解释转型经济国家企业腐败的现象，不仅拓展了企业腐败决定因素的研究视角，而且弥补了这方面经验研究的不足；研究内容上，试图论证政府对非正规生产单元的管制缺位迫使企业贿赂公职人员以维护自身的合法利益，即转型经济国家的企业需要承担着非正规部门的管制成本；研究方法上，选择企业历史是否为未注册生产单元和竞争程度在地区层面上的平均值作为工具变量，采用工具变量回归的方法有效地识别出了非正规部门灰色竞争与企业腐败的因果效应。

二、文献回顾与理论分析

（一）文献回顾

“非正规部门”的概念是由 Hart（1970）提出，其官方解释来自国际劳工组织（1972）关于肯尼亚就业问题的研究。非正规部门被认为是处于政府管制和法律的边缘地带，具有进入壁垒较低、经营规模小、生产效率低以及运营弹性大等经济特征，能够满足低端劳动力市场的就业需求和中低端收入群体的消费需求，对于转型经济国家的经济发展和就业起着重要作用。关于非正规生产单元在经济中所扮演的角色，现有文献有三种观点：第一种观点认为，非正规生产单元能够满足低端劳动力市场的就业需求，是低技能劳动人群的生存策略；第二种观点认为，非正规部门是潜在企业家的聚集地，企业为了规避烦琐的行政组织和简化政府的管制要求而选择非正规化，能够给予具有企业家精神的员工充分发挥创业潜能、自主权以及灵活的工作时间等条件；第三种观点认为，非正规生产单元是“寄生虫组织”，其经营规模和生产效率足以在正规部门生存，为了不遵守税收、知识产权保护等法律法规条例获得不公平竞争优势选择非正规化，从而赚取更高的利润（La Porta and Shleifer，2014；Ulyssea，2018）。第一种观点遵循了二元主义的理论逻辑，认为非正规部门是由劳动力分割市场所形成的组织形式。显然，非正规部门与正规部门之间并不存在直接联系。后两种观点归属于结构主义学派，认为非正规部门与正规部门存在内在联系，分别存在良性竞争关系和不公平竞争关系

(Gerxhain, 2004; 温湖炜, 2018)。

非正规部门科学内涵的界定一直处于混乱局面，现有文献只能就非正规部门的某些特征描述达成一致，并没有形成一致接受的概念（Gerxhani, 2004; 张峰等, 2016)。法律状态是非正规生产组织区别于正规部门企业的主要制度特征，非正规生产单元普遍在工商部门未注册、组织框架模糊或者存在逃避法律法规管制、不缴纳税收或社会保障费用的行为（Williams and Youssef, 2013; Pisani, 2015; Webb et al., 2013; Rothenberg et al., 2016)。非正规生产单元既可能是转型经济制度不完善的产物，也可能是生产规模较小、经营方式相对独特的创新创业组织。作为转型制度不完善的产物，非正规生产单元通常是游离于正式制度之外，在产品设计、生产、销售或者运营管理过程存在逃避管制、侵犯法律以及管制条例的行为，但其行为一般符合非正式的社会规范、价值观和信仰，提供的产品或服务是合乎社会规范和法律法规要求的（Williams et al., 2015; 陈晓红等, 2015; 张峰等, 2016)。由于生产、销售环节存在规避法律法规的不公平竞争优势，非正规生产单元的功能替代产品在市场上的流通价格远低于正规企业，通过集贸市场、小商铺等线下渠道和拼多多、淘宝、微商等线上渠道流通于产品市场，被中低收入群体认为是“高性价比”产品。作为草根创新创业的组织，非正规生产单元虽然不会生产伪劣假冒品、“打擦边球”获取不公平竞争优势，但是可能会采用模仿、微创新等隐性方式侵犯正规企业的知识产权和合法利益。

非正规部门的快速发展在要素市场和产品市场都会对企业造成较大的竞争压力，已经发展成为与外资企业同等重要的竞争群体，越来越多的文献关注到这种来自非正规部门的竞争压力，并逐步展开探讨非正规部门竞争对正规企业经营行为或决策的影响（Hudson et al., 2012; Pisani et al., 2015; Iriyama et al., 2016)。研究表明，来自非正规部门的竞争会对正规企业的创新行为造成深刻影响，扭曲企业的创新投入和创新资源分配决策，抑制企业的自主创新行为（张峰, 2016; Mccann and Bahl, 2016; Mendi and Costamagna, 2017; Mendia、Robert and Mudida, 2018; 温湖炜, 2018)。此外，非正规部门的灰色竞争还会损害企业的信贷获取和影响企业的融资约束状况（Distinguin et al., 2016; 何冰和刘钧霆, 2018)。企业是如何应对来自非正规生产单元的灰色竞争？转型经济国家普遍存在的贿赂现象是否与这存在关系？事实上，非正规生产单元的活跃程度与政府管制和腐败问题之间存在错综复杂的关系，非正规部门是扰乱市场秩序的重要营商环境因素（Hudson et al., 2012; Dutta et al., 2013)。面对非正规生产单元的灰色竞争，企业可以通过贿赂公职人员的非市场化竞争策略降低自身合法利益受侵害的程度（Iriyama et al.，2016）。本文正是受上述文献的启发，采用微观调查数据揭示来自非正规部门的灰色竞争与企业贿赂行为之间的关系。

（二）理论分析

二元主义的观点认为非正规部门与正规部门并不存在直接联系，但是无论是转型经济国家山寨经济的典型事实还是世界银行的微观调查数据，都一致表明非正规生产单元的确能够构成不公平的竞争优势，侵害企业的合法市场利益和对企业运营造成不利的干扰。具体包括三方面：第一，非正规生产部门具有“先天”的成本优势和占据了许多资源，导致市场中供企业经营活动的冗余资源就会越少，非正规生产单元的低生产效率会造成要素资源浪费和效率低下，进一步导致市场上的要素和资源紧张（Milgram，2011；La Porta and Shleifer，2014）。第二，非正规生产单元作为一种“快速和松散”的组织和企业家的聚集地，可以避免烦琐的行政审批和市场准入限制，更为快速地抓住市场盈利机会（Webb et al.，2013）。第三，非正规生产单元的竞争优势还来源于对正规企业技术或产品的抄袭和模仿，会以极快的速度生产和销售廉价的功能替代产品或服务，侵蚀正规企业的合法市场利益（张峰等，2016）。转型经济国家难以对非正规部门的各种不道德行为和违法违规行为进行有效监督，不能够及时制约非正规生产单元的灰色竞争行为，非正规部门提供的产品和服务反而受到了市场吹捧。虽然存在风险，但贿赂行为是企业维持良好政企关系的重要手段，可以帮助企业在官僚政府体制中节省获得相关产品许可证或执照的时间，缩短产品和服务的推出周期。此外，贿赂行为能够让企业获得政府官员和执法机构的支持，对非正规生产单元的灰色竞争行为进行管制。当企业意识到来自非正规部门竞争对手的威胁时，极有可能会参与腐败，通过贿赂公职人员的非市场化竞争策略，提高其相对于非正规部门竞争对手的竞争地位。据此，提出命题一。

命题一：非正规部门的存在及其灰色竞争行为的确会影响正规企业的贿赂行为，显著强化企业的贿赂动机和增加企业的贿赂额度。

企业的贿赂行为是为了构筑政府官员和执法人员支持的非正式制度，降低自身合法利益遭受非正规生产单元的侵害程度。如果存在较为健全的正式制度保障，企业就不需要通过贿赂的非正式制度保障应对非正规部门的灰色竞争。法制水平是维护企业合法权益的正式制度，能够有效遏制非正规生产单元的侵权行为和违法行为。行业技术壁垒越高，企业的产品难以被非正规生产单元模仿和“功能替代”，在产品市场上能够有效区分于非正规生产单元的产品，非正规部门与正规部门的竞争关系形成了一种任务的分工。因此，法制水平与行业技术壁垒能够弱化非正规部门对企业贿赂的正向边际效应。非正规生产单元的竞争优势之一是能够快速抓住市场机会，而正规企业需要遵循烦琐的行政审批制度。政府管制越为严重，正规企业需要花费越多的时间获得相关产品许可证或执照，非正规生产单元的竞争优势也就越强。据此，提出命题二。

命题二：法制水平与行业技术壁垒会弱化非正规部门对企业贿赂的正向边际效应，而政府对企业管制越位会强化非正规部门对企业贿赂的正向边际效应。

三、数据与变量说明

非正规经济具有较高的隐蔽而缺乏有效的官方统计，测度非正规部门的规模及其灰色竞争程度也存在较大的难度，这成了非正规部门竞争理论研究的最大制约因素。世界银行企业调查（World Bank's Enterprise Surveys）通过询问的企业家和企业高层管理人员感受到的来自非正规部门竞争情况，提供了一套关于企业遭受非正规部门竞争威胁的独特数据库。世界银行的企业调查采取了分层抽样的方法选取调查样本，确保了所选取的样本在各自国家具有较强的代表性，调查过程中有严格的调查质量控制机制，数据的权威性、客观性以及可信度较高。本文选取的研究样本为世界银行对100多个发展中国家的9万多家企业进行的微观调查数据，涉及的行业包括食品加工、纺织业、服装业、化学品制造等16个制造业行业，以及信息技术服务、住宿和餐饮、交通运输等6个服务行业。该数据库涉及大量关于企业信息、基础设施和公共服务、企业财务、竞争情况、营商环境等方面的数据。本文使用的数据避免单个国家或行业调研数据所带来的样本单一和选择性偏误问题，为揭示转型经济国家非正规部门的灰色竞争与企业贿赂行为之间的关系提供了很好的数据资源。本文将利用2006～2017年转型国家的企业问卷调查数据，采用Probit模型和Tobit模型实证考察非正规部门与企业贿赂行为之间的关系。

（一）因变量：企业贿赂

因变量包括企业贿赂行为的虚拟变量和企业贿赂额度，分别衡量企业贿赂的广延边际和集约边际。问卷中基础设施和服务模块以及政企关系模块提供了很多关于企业贿赂行为的问题，我们根据问题“在与公务人员打交道过程中，企业是否会赠送礼品或者非正式支付”和“在处理电力、用水以及通信服务过程中，企业是否会给公职人员赠送礼品或者非正式支付”来构造企业贿赂的虚拟变量。在我们的有效样本中，58.54%的企业有贿赂公职人员的行为，说明转型经济国家的企业普遍存在贿赂公职人员的行为，以获得更好的公共服务。此外，参考李后建和刘培森（2018）的做法，根据问题“平均而言，企业向公职人员赠送的礼品或非正式支付占年销售额比重是多少”构造企业的贿赂额度变量。当因变量为企业是否有贿赂行为时，取值为0或1，采用Probit模型进行实证分析。当因变量是企业贿赂额度时，众多企业并未支付任何贿赂而取值为0，我们在回归分析中使用左侧截尾的Tobit模型。

（二）核心解释变量

问卷中竞争情况模块涉及企业遭受非正规部门灰色竞争情况的问题，选取是否遭遇了非正规部门竞争的虚拟变量作为核心解释变量。我们根据问题“这家企业是否遭受了未注册或非正式生产单元的竞争”的答案构造企业是否遭受了非正规部门竞争的虚拟变量。非正规部门竞争的虚拟变量可以避免企业家或者管理人员关于竞争程度主观判断标准的差异，却无法反映竞争程度的加剧对企业贿赂行为的影响。我们根据问题“非正规部门的竞争者阻碍企业经营活动的严重程度”的答案，依据没有障碍、微弱障碍、中等障碍、主要障碍、严重障碍依次取值为0~4，构造反映了竞争程度的“替代测量1”。以“没有灰色竞争”的企业作为基准组，将竞争程度的答案转化为“微弱灰色竞争”和“中等及以上灰色竞争”两个虚拟变量，构造反映了竞争程度的“替代测量2”。我们描述分析发现，灰色竞争与企业贿赂两个虚拟变量的相关系数为0.1532，充分反映了灰色竞争与腐败问题存在密切关系。

（三）控制变量

现实中，影响企业贿赂行为的因素众多。除了本文关注的非正规部门竞争外，企业自身的规模、成立时间等企业特征以及行业和地区特征都会使得某些企业更加倾向贿赂公职人员。因此，有必要控制企业成立时间、企业规模、所有权结构、企业市场范围、市场竞争程度以及融资约束等特征变量。本文涉及的主要变量的操作性界定及编码如表1所示。我们参考李后建和刘培森（2018）出色的研究成果，选取如下变量作为控制变量：政府管制，企业家或者管理人员用于处理公共事务或者监管要求所耗费的时间比例；企业规模，按照企业的员工人数划分，员工人数≤19 取值为 1，19 < 员工人数 < 100 取值为 2，员工人数≥100 取值为 3；企业成立时间，按照调查年份减去企业注册时间的差值衡量，取对数；所有权结构，分别用外国资本所占股份的比例和国有资本所占企业股份的比例衡量，所有权结构变量的引入是为了捕捉所有制效应；市场范围，以产品主要在本省内销售（省级市场）的企业作为基准组，构造“全国市场”（产品主要在全国范围内销售）和“国际市场”（产品主要在国际市场销售）两个虚拟变量反映产品市场范围；市场竞争，根据正规部门企业的竞争对手数构造 0～4 的变量，取值越大意味着竞争程度越激烈；融资约束，参考 Distinguin 等（2016）、何冰和刘钧霆（2018）的做法，根据关于信贷申请、获得及其原因等问题构建企业是否面临着融资约束的虚拟变量。此外，我们在模型中纳入了行业和国家层面的固定效应以控制行业业务特征的差异和国家特征的差异。

表 1　　变量的界定和编码

变量	编码说明
企业贿赂	（1）是否有向政府官员非正式支付或赠送礼品的行为（1 是，0 否）
	（2）向政府官员非正式支付或赠送礼品占销售额的比重
灰色竞争	（1）是否遭受了未注册或非正式生产单元的竞争（1 是，0 否）
	（2）替代测量 1：影响的严重程度（0 没有，1 微弱，2 中等，3 主要，4 严重）
	（3）替代测量 2：“微弱灰色竞争”和“中等及以上灰色竞争”的虚拟变量
政府管制	管理人员处理政府监管要求所耗费的时间比例
企业规模	企业的员工人数（人数≤19 取值为 1，19 < 人数 < 100 取值为 2，人数≥100 取值为 3）
成立时间	从企业成立时间到调查年份的年度数（取自然对数）
所有权结构	国有股权表示国有资本所占企业股份的比例，外资持股表示外国资本所占股份的比例
市场范围	以“省级市场”为基准，构造“国际市场”和“全国市场”的虚拟变量
市场竞争	按照面临正规部门竞争对手的数量构造 0～4 的变量，取值越大说明竞争程度越激烈
融资约束	企业是否面临着融资约束的虚拟变量（1 是，0 否）

四、实证结果与分析

（一）正规部门灰色竞争对企业贿赂的影响

在实证研究策略上，我们采用 Probit 模型估计企业贿赂广延边际的影响因素，采用 Tobit 模型估计企业贿赂集约边际的影响因素。考虑异方差问题，我们估计了聚合在地区特征层面的稳健性标准误，并允许随机扰动项在地区内的企业之间相关，非正规部门灰色竞争与企业贿赂行为的初步回归结果见表 2。模型（1）~模型（6）的区别包括因变量是企业贿赂的集约边际或广延边际、是否控制行业和地区特征以及是否控制了政府管制。可以看出，非正规部门的存在及其竞争行为能够显著影响企业的贿赂行为，遭受了灰色竞争的企业有较强的贿赂动机和较高的贿赂额度。广延边际模型中，第 1 列灰色竞争的估计系数为 0.128，且在 1% 的水平上显著，第 2、第 3 列控制了行业和地区特征，估计系数依然显著为正，说明遭受了非正规部门灰色竞争的企业有较强动机向公务人员进行贿赂。集约边际模型中，无论是否控制行业和地区特征，非正规部门灰色竞争程度的回归系数在 1% 的水平下显著为正，非正规部门的灰色竞争显著正向影响企业贿赂的集约边际。基准回归表明，正规部门的存在及其灰色竞争行为的确会影响正规企业的贿赂行为，贿赂是企业应对非正规部门竞争的一种非正式制度。

表 2　　基准回归结果：企业贿赂的决定因素

变量	广延边际模型			集约边际模型		
	(1)	(2)	(3)	(4)	(5)	(6)
灰色竞争	0.128*** (10.65)	0.197*** (14.56)	0.198*** (15.17)	2.666*** (11.88)	2.433*** (10.58)	2.517*** (10.87)
政府管制	0.0983*** (3.24)	0.292*** (8.52)		12.46*** (23.15)	11.87*** (21.46)	
成立时间	-0.0127*** (-2.76)	-0.0401** (-4.75)	-0.0356*** (-4.57)	-0.869*** (-9.69)	-0.231* (-1.70)	-0.169 (-1.28)
企业规模	0.0233*** (2.95)	0.0341*** (3.77)	0.0334*** (3.83)	0.363** (2.38)	0.061 (0.39)	0.147 (0.94)
国有股权	-0.073 (-0.78)	-0.210** (-2.00)	-0.187* (-1.90)	-8.568*** (-5.13)	-1.917 (-1.10)	-2.423 (-1.38)

续表

变量	广延边际模型			集约边际模型		
	(1)	(2)	(3)	(4)	(5)	(6)
外资持股	-0.017 (-0.74)	-0.001 (-0.03)	0.006 (0.22)	2.156*** (4.86)	-0.306 (-0.67)	-0.228 (-0.50)
全国市场	0.013 (0.95)	0.033* (1.86)	0.032* (1.85)	-2.607*** (-9.94)	-0.301 (-1.01)	-0.306 (-1.02)
国际市场	0.025 (0.94)	0.022 (0.69)	0.016 (0.53)	-2.516*** (-4.76)	-1.203** (-2.15)	-1.203** (-2.12)
市场竞争	-0.004 (-0.40)	-0.014 (-0.98)	-0.013 (-0.99)	-1.312*** (-7.30)	0.0467 (0.20)	0.0179 (0.07)
融资约束	0.0882*** (20.12)	0.0857*** (16.94)	0.0860*** (17.66)	2.027*** (24.37)	1.188*** (13.95)	1.292*** (15.06)
常数项	-0.974*** (-18.54)	-0.282** (-2.43)	-0.250** (-2.21)	-17.16*** (-17.93)	-15.28*** (-7.43)	-14.56*** (-6.97)
行业特征	No	Yes	Yes	No	Yes	Yes
地区特征	No	Yes	Yes	No	Yes	Yes
N	60351	60351	64795	60351	60351	64795
Pseudo R^2	0.0109	0.1295	0.1273	0.0164	0.0939	0.0899

注：括号内为 t 统计量；***、** 和 * 分别表示在 1%、5% 和 10% 水平下显著。

发展中或转型国家非正规部门的活跃程度与政府管制息息相关，许多生产单元为了躲避“苛刻”的税收和“烦琐”的行政审批选择非正规的经营状态（Dutta et al., 2013；张峰等，2016）。众所周知，政府管制与腐败问题也存在密切的联系，正如表 2 中政府管制的系数显著为正，我们不禁存在这样的疑问，政府管制越位是否为灰色竞争与腐败滋生的根源。表 2 中无论控制政府管制与否，非正规部门灰色竞争的系数都显著为正且不存在明显的差异，政府管制越位无法解释非正规部门灰色竞争对企业腐败行为的影响。政府管制是出于“公共利益”的追求，对企业、个人、团体等活动进行行政性的管理与监督，是转型经济国家弥补市场机制不足的一种必要手段，是转型经济国家调节经济社会秩序的次优选择，从政府管制越位的视角理解腐败问题很难有政策上的启示。非正规部门的灰色竞争行为反映了政府部门对非正规生产单元的管制缺位，导致正规企业的合法利益受到侵蚀，造成正规企业运营和创新决策的扭曲。非正规生产单元的管制缺位会迫使企业贿赂公职人员以维护企业的合法利益，即转型经济国家的企业需要承担着非正规部门的管制成本。发展中国家普遍存在政府干预过度和管制缺位的双重特征，政府管制越位和管制缺位都会导致腐败问题恶化。

以上实证结果表明，遭受了非正规部门灰色竞争的企业有更强动机参与贿赂，却无法反映非正规部门的灰色竞争程度加剧是否会恶化腐败问题。为了揭示灰色竞争程度的影响，本文构造两种灰色竞争程度的替代性测量指标。第一，我们依据非正规部门对企业经营的影响程度构造取值为 0 ~ 4 的"竞争程度指标 1"，该指标取值越高，说明企业面临着的非正规部门灰色竞争的程度越为严重。第二，以"没有灰色竞争"作为基准组，构造"微弱灰色竞争"和"中等及以上灰色竞争"两个虚拟变量反映灰色竞争程度，避免管理人员主观评价标准的差异。以上两种竞争程度替代测量的估计结果如表 3 所示。采用"替代测量 1"和"替代测量 2"的回归系数均显著为正，说明随着灰色竞争的加剧，企业显著增强了贿赂动机和贿赂额度，灰色竞争程度加剧会进一步恶化腐败问题。无论是从是否遭遇非正规部门竞争还是从灰色竞争程度的角度看，非正规部门的存在及其灰色竞争行为的确会影响正规企业的贿赂行为，显著强化了企业的贿赂动机和增加了企业的贿赂额度，命题一成立。

表 3　　灰色竞争的替代测量估计

变量	替代测量 1				替代测量 2			
	广延边际模型		集约边际模型		广延边际模型		集约边际模型	
灰色竞争	0.041***	0.069***	1.079***	0.783***				
	(10.11)	(14.70)	(14.93)	(10.51)				
微弱					0.128***	0.136***	3.562***	2.544***
					(9.86)	(9.38)	(15.37)	(10.88)
中等及以上					0.170***	0.238***	4.292***	3.064***
					(12.00)	(14.75)	(17.02)	(11.85)
政府管制	0.114**	0.263***	9.973***	11.00***	0.105**	0.269***	10.13***	11.07***
	(2.48)	(8.04)	(20.17)	(21.70)	(2.20)	(8.41)	(20.94)	(22.28)
成立时间	-0.014***	-0.039***	-1.398***	0.168	-0.016***	-0.039***	-1.390***	0.183
	(-3.51)	(-4.61)	(-18.96)	(1.29)	(-3.99)	(-4.83)	(-19.17)	(1.44)
企业规模	-0.021***	0.031***	-0.326**	0.046	-0.023***	0.023***	-0.321**	0.027
	(-2.87)	(3.63)	(-2.39)	(0.33)	(-3.08)	(3.42)	(-2.40)	(0.20)
国有股权	-0.0951	-0.251**	7.449***	1.115	-0.115	-0.260***	7.124***	0.876
	(-1.05)	(-2.48)	(4.90)	(0.71)	(-1.31)	(-2.63)	(4.78)	(0.57)
外资持股	0.0214	-0.0122	2.640***	-0.412	0.0208	-0.0118	2.559***	-0.444
	(1.03)	(-0.51)	(6.96)	(-1.06)	(1.02)	(-0.50)	(6.87)	(-1.16)

续表

变量	替代测量1				替代测量2			
	广延边际模型		集约边际模型		广延边际模型		集约边际模型	
全国市场	-0.019 (-1.44)	0.025 (1.48)	-2.677*** (-11.31)	-0.215 (-0.81)	-0.023 (-1.74)	0.032 (1.96)	-2.714*** (-11.71)	-0.201 (-0.78)
国际市场	-0.028 (-1.12)	0.006 (0.21)	-3.256*** (-6.84)	-1.540*** (-3.07)	-0.022 (-0.92)	0.012 (0.41)	-2.907*** (-6.28)	-1.236** (-2.53)
市场竞争	0.004 (0.52)	0.004 (0.34)	-0.996*** (-7.09)	0.198 (1.11)	-0.003 (-0.35)	0.003 (0.24)	-1.112*** (-8.06)	0.132 (0.75)
融资约束	0.088*** (20.90)	0.077*** (16.01)	1.764*** (23.52)	0.954*** (12.53)	0.086*** (20.89)	0.077*** (16.42)	1.780*** (24.27)	0.982*** (13.17)
常数项	-0.982*** (22.74)	-0.374*** (-3.35)	-15.64*** (-21.53)	-14.97*** (-7.98)	-0.978*** (22.81)	-0.356*** (-3.25)	-16.07*** (-22.35)	-15.18*** (-8.21)
行业特征	No	Yes	No	Yes	No	Yes	No	Yes
地区特征	No	Yes	No	Yes	No	Yes	No	Yes
N	59716	59716	59716	59716	59716	59716	59716	59716
Pseudo R^2	0.0139	0.1569	0.0172	0.1091	0.0126	0.1186	0.0182	0.1064

注：括号内为 t 统计量；***、** 和 * 分别表示在1%、5%和10%水平下显著。

到目前为止，实证结果已经显示了非正规部门灰色竞争对企业腐败具有显著的正向影响，但是，本文的研究依然存在贿赂行为的反馈机制和遗漏变量导致的内生性问题。首先，来自企业贿赂行为的反馈机制会导致内生性：面对非正规生产单元带来的运营压力，企业选择贿赂公职人员，以激励执法人员监督干扰企业正常经营活动的非正规生产单元，减少灰色竞争的利益侵蚀效应。由此可见，企业的贿赂等腐败活动会影响企业遭受非正规部门竞争的灰色程度。其次，腐败问题与灰色竞争是转型经济国家的普遍特征，必然与制度因素存在密切联系，也就存在遗漏变量或者测度偏误。遗漏变量和联立性导致的内生性都会使灰色竞争的估计系数有偏，无法准确反映非正规部门竞争与企业贿赂的因果关系。我们选择企业历史上是否未注册、灰色竞争在国家层面上的平均值作为工具变量进行工具变量回归，避免内生性导致估计结果有偏。Wald 外生性检验都拒绝了原假设，表明非正规部门的灰色竞争存在内生性。同时，两个工具变量都使企业遭受非正规部门竞争之间存在较强的正相关关系，说明本文的工具变量回归较为可靠。表4回归结果与基准回归结果并无显著的差异，且灰色竞争的系数在5%的水平上都显著为正，意味着本文的主要研究结果并未蕴含严重的内生性偏误，非正规部门的灰色竞争对企业贿赂具有显著的正向影响，命题一成立。由于不存在严重的内生性偏误，后文中的实证结论是基于 Probit 模型和 Tobit 模型得到的。

表 4　　工具变量回归结果：企业腐败的决定因素

变量	广延边际模型		集约边际模型	
	(1)	(2)	(3)	(4)
灰色竞争	1.627*** (29.45)	1.708*** (14.72)	3.637*** (4.85)	2.306** (2.03)
政府管制	0.063** (2.50)	0.200*** (5.81)	12.43*** (23.05)	12.01*** (21.62)
成立时间	−0.006 (−1.48)	−0.046*** (−6.68)	−0.875*** (−9.75)	−0.236* (−1.73)
企业规模	0.042*** (5.72)	0.089*** (10.92)	0.296* (1.92)	0.042 (0.36)
国有股权	0.051 (0.66)	0.038 (0.39)	−9.042*** (−5.38)	−1.208 (−0.69)
外资持股	0.0432** (2.23)	0.158*** (6.24)	2.271*** (5.10)	−0.604 (−1.30)
全国市场	0.0449*** (3.75)	−0.002 (−0.13)	−2.520*** (−9.55)	−0.154 (−0.56)
国际市场	0.239*** (10.32)	0.184*** (6.77)	−2.218*** (−4.13)	−1.626*** (−2.97)
市场竞争	0.008 (1.02)	−0.0714*** (−6.02)	−1.258*** (−6.95)	0.104 (0.46)
融资约束	0.018*** (2.66)	0.014** (2.33)	1.928*** (21.66)	1.364*** (14.61)
常数项	−1.535*** (−34.87)	−0.640*** (−7.79)	0.180*** (10.66)	0.250*** (8.74)
行业特征	No	Yes	No	Yes
地区特征	No	Yes	No	Yes
N	58456	58456	58456	58456
Wald Test	53.48	54.44	12.55	18.53

注：括号内为 t 统计量；***、** 和 * 分别表示在 1%、5% 和 10% 水平下显著。

（二）非正规部门影响企业贿赂的传导机制分析

尽管已经证明非正规部门的存在及其灰色竞争行为的确会影响正规企业的贿赂行为，但尚不能确定企业贿赂公职人员的动机。本文认为非正规部门的灰色竞争行为侵害了正规企业的合法市场利益，企业贿赂是为了构筑政府官员和执法人员支持的非正式制度，降低自身合法利益遭受非正规生产单元的侵害程度。如果这一逻辑成立，法律体系的正式制度和行业技术壁垒会削弱非正规部门灰色竞争的影响，而政府管制越位会强化其影响，我们将通过调节效应模型检验该逻辑是否成立，估计结果如表5所示。可以看出，法制水平与行业技术壁垒会弱化非正规部门对企业贿赂的正向边际效应，而政府对企业管制越位会强化非正规部门对企业贿赂的正向边际效应，命题二成立。表5的实证结果表明我们的推论和观点极有可能是正确的，非正规部门的确会侵害正规企业的合法利益，强化企业的贿赂动机。

表5　　非正规部门影响企业贿赂的传导机制分析

变量	法制水平		技术壁垒		政府管制	
	广延边际	集约边际	广延边际	集约边际	广延边际	集约边际
非正规部门	0.419*** (20.49)	3.652*** (11.60)	0.200*** (14.35)	2.346*** (9.91)	0.188*** (13.27)	2.374*** (9.84)
非正规部门×法制水平	-0.113*** (-14.50)	-0.856*** (-6.24)				
非正规部门×技术壁垒			-0.082 (-1.32)	-0.964* (1.74)		
非正规部门×政府管制					0.049** (2.34)	0.005 (0.01)
政府管制	0.291*** (8.50)	11.85*** (21.43)	0.292*** (8.53)	11.86*** (21.44)	0.204*** (3.98)	11.84*** (14.75)
成立时间	-0.0409*** (-4.82)	0.217 (1.60)	-0.0401*** (-4.76)	0.232 (1.71)	-0.0396*** (-4.61)	0.211 (1.52)
企业规模	0.0364*** (4.00)	0.0889 (0.57)	0.0340*** (3.76)	0.0625 (0.40)	0.0353*** (3.82)	0.0588 (0.37)
国有股权	-0.213** (-2.03)	1.911 (1.10)	-0.209** (-2.00)	1.898 (1.09)	-0.191 (-1.78)	2.291 (1.28)
外资持股	-0.00214 (-0.08)	-0.312 (-0.68)	-0.00064 (-0.02)	-0.305 (-0.67)	0.00355 (0.13)	-0.312 (-0.67)
全国市场	0.0377** (2.11)	-0.282 (-0.95)	0.0338* (1.89)	-0.318 (-1.07)	0.0278 (1.53)	-0.252 (-0.83)

续表

变量	法制水平		技术壁垒		政府管制	
	广延边际	集约边际	广延边际	集约边际	广延边际	集约边际
国际市场	0. 0244 (0. 78)	-1. 192** (-2. 13)	0. 0218 (0. 70)	-1. 212** (-2. 16)	0. 015 (0. 47)	-1. 358** (-2. 36)
市场竞争	-0. 0123 (-0. 87)	0. 0509 (0. 21)	-0. 0137 (-0. 98)	0. 048 (0. 20)	-0. 010 (-0. 70)	0. 0588 (0. 24)
融资约束	0. 0841*** (16. 60)	1. 180*** (13. 86)	0. 0857*** (16. 94)	1. 187*** (13. 95)	0. 0858*** (16. 60)	1. 185*** (13. 58)
常数项	-0. 333*** (-2. 86)	-15. 62*** (-7. 59)	-0. 283*** (-2. 44)	-15. 24*** (-7. 40)	-0. 315*** (-2. 66)	-15. 41*** (-7. 35)
固定效应	Yes	Yes	Yes	Yes	Yes	Yes
N	60110	72027	60166	72041	58026	69585

注：括号内为 t 统计量；*** 、** 和 * 分别表示在 1% 、5% 和 10% 水平下显著。

1. 法制水平

良好的法制水平能够为经济社会秩序提供一个良好的制度性保障框架，在良好的制度性框架内，市场机制能够有效配置生产资源和维护企业的合法利益，企业缺乏动机选择存在潜在风险的贿赂作为非正式制度保障。表 5 中非正规部门与法制水平交互项的系数在 1% 水平下均显著为负值，这意味着良好的法制水平会弱化非正规部门对企业贿赂的正向影响。由于法制水平指标的取值范围是从 1 到 4，取值越高意味着法制水平越好。如果地区的法制水平较高（取值为 4），广延边际模型和集约边际模型中非正规部门对企业贿赂的边际效应为负值，说明非正规部门的存在并不会强化企业贿赂动机。

2. 行业技术壁垒

非正规部门主要通过侵犯知识产权和生产功能替代品的灰色竞争行为侵害正规企业的市场利益，如果企业所处的行业技术壁垒越高，企业所生产的产品就难以被非正规生产单元模仿和“功能替代”，非正规部门与正规部门的良性竞争关系就形成了一种任务的分工。参考温湖炜（2018），选择机器设备制造、电子设备制造、交通设备制造和信息技术行业作为技术壁垒较高的行业，取值为 1，其他行业取值为 0。集约边际模型中非正规部门和行业技术壁垒交互项的系数在 10% 水平下显著为负值，广延边际模型中交互项系数小于 0 且 t 值为 -1. 32，说明行业技术壁垒一定程度上会削弱非正规部门对企业贿赂的正向边际效应。无论是从交互项系数的 P 值还是从非正规部门的边际效应来看，处于高技术壁垒行业的企业也面临着较为严重的来自非正规生产单元的灰色竞争。

3. 政府管制

非正规生产组织处于政府管制之外，其主要竞争优势之一是可以避免烦琐的行政审批和市场准入限制，更为快速地抓住市场盈利机会（Webb et al.，2013）。如果正规企业能够在较短的时间内获得相关产品许可证或执照，非正规部门的竞争优势就会削弱，从而难以干扰正规企业的运营活动。表5集约边际模型中非正规部门与政府管制交互项的系数并不显著，但是广延边际模型中非正规部门与政府管制交互项的系数在5%水平下显著为正值，说明政府对企业管制越位会强化非正规部门对企业贿赂的正向边际效应。

（三）企业贿赂的作用效果分析

如果企业采取贿赂公职人员的非市场化竞争策略是为了避免自身合法利益受非正规生产单元的利益侵害，那么企业贿赂行为一定能够为企业带来积极的作用效果。本文利用问卷调查数据构造了企业层面的公共服务效率、行政审批效率以及市场管制效率（对非正规部门灰色竞争行为的管制）等三个指标，并采用计量回归模型考察企业贿赂行为能否改善这些指标，估计结果如表6所示。公共服务效率是依据企业享受的电力、用水以及通信服务过程中的等待时间、中断次数及其对生产阻碍程度等指标构造，取值越高意味着公共服务效率越高。行政审批效率是根据办理经营许可证等待时间及其对运营活动影响程度等指标构造，取值越高意味着企业面临的行政审批效率越高。市场管制效率是根据非正规部门对企业运营活动的阻碍程度构造的，取值越高意味着政府对非正规部门的管制程度越高，从而可以降低非正规生产单元的灰色竞争行为和削弱对正规企业的运营干扰。

表6　　企业贿赂行为的作用效果分析

变量	公共服务效率		行政审批效率		市场管制效率	
	(1)	(2)	(3)	(4)	(5)	(6)
企业贿赂	0.425*** (31.30)	0.220*** (16.45)	0.481*** (29.20)	0.444*** (25.90)	0.346*** (18.42)	0.316*** (16.26)
企业规模	−0.077*** (−10.28)	0.031*** (4.19)	0.064*** (7.16)	0.052*** (5.69)	−0.159*** (−15.03)	−0.152*** (−13.80)
外资持股	0.115*** (5.16)	−0.026 (−1.22)	0.095*** (3.62)	0.038 (1.49)	−0.035 (−1.13)	−0.335*** (−10.82)

续表

变量	公共服务效率		行政审批效率		市场管制效率	
	(1)	(2)	(3)	(4)	(5)	(6)
国有股权	-0.451*** (-4.77)	-0.316*** (-3.69)	-0.476*** (-4.27)	-0.299*** (-2.73)	-0.612*** (-4.03)	-0.263* (-1.76)
出口贸易	-0.086*** (-3.64)	-0.055** (-2.39)	-0.180*** (-6.22)	-0.058* (-1.96)	-0.400*** (-12.12)	-0.091*** (-14.60)
常数项	1.829*** (129.00)	2.663*** (28.51)	0.700*** (40.72)	0.678*** (5.46)	1.411*** (68.95)	1.271*** (8.46)
行业特征	No	Yes	No	Yes	No	Yes
地区特征	No	Yes	No	Yes	No	Yes
N	70218	70218	70295	70295	70193	70193
R^2	0.0176	0.2111	0.0182	0.1628	0.0125	0.2134

注：括号内为 t 统计量；***、**和*分别表示在1%、5%和10%水平下显著。

从表6的结果可以看出，无论是否控制行业特征和地区特征，企业贿赂的回归系数在1%水平下均显著为正，说明企业贿赂行为的确能够提高行政审批效率、降低公共服务等待时间以及获得更为有利的市场管制，企业贿赂行为能够为企业带来积极的作用效果。据此可以得出结论，企业为了降低非正规部门的灰色竞争对自身合法利益的侵蚀，不得不采取贿赂公职人员的非市场化竞争策略，促使政府机构提高行政审批、公共服务效率和强化对非正规部门的管制。转型经济国家对非正规部门的管制缺位是营商环境恶化的系统性根源，加强对非正规生产单元的引导与管制是破解腐败问题、遏制灰色竞争以及优化营商环境的政策着手点。

五、主要研究结论与启示

非正规部门是国民经济的重要组成部分，为转型经济国家提供了大量就业机会和推动了宏观经济增长。作为转型经济制度不完善的典型特征，非正规部门的活跃程度与政府管制和腐败问题之间存在错综复杂的关系，成了阻碍转型国家实体经济发展最为重要的营商环境因素。非正规部门的规模扩张及其灰色竞争行为对正规部门存在怎么样的影响？越来越多的文献开始考察非正规部门对微观企业正常运营造成的干扰，本文将延续该思路展开研究。具体而言，利用第三方权威机构提供的关于2006~2017年转型国家的企业问卷调查数据，揭示来自非正规部门的灰色竞争与企业贿赂行为之间的关系，阐述企业贿赂行为的背后动机。

本文的研究表明，企业贿赂行为与其所遭受的非正规部门灰色竞争存在密切联系，转型经济国家对非正规部门的管制缺位是营商环境恶化的系统性根源。第一，非正规部门的存在及其灰色竞争行为的确会影响正规企业的贿赂行为，显著强化了企业的贿赂动机和增加了企业的贿赂额度。采用工具变量处理内生性后，以上结论依然成立。此外，随着灰色竞争程度的加剧，企业的贿赂动机和贿赂额度也显著增强了。第二，法制水平会弱化非正规部门对企业贿赂的正向边际效应，法制水平较高地区的企业并不会因为受到非正规部门的竞争而展开贿赂行为，说明企业合法利益的正式制度保障替代了企业贿赂的非正式制度。第三，行业技术壁垒弱化了非正规部门对企业贿赂的正向边际效应，而政府对企业管制越位会强化非正规部门对企业贿赂的正向边际效应，进一步说明非正规部门影响企业贿赂行为是由于其侵害了正规企业的合法利益。第四，企业贿赂行为能够为企业带来积极的作用效果，能够提高行政审批效率、降低公共服务等待时间以及获得有利的市场管制。以上证据表明，企业为了降低自身合法利益遭受非正规生产单元的侵害程度，选择贿赂公职人员的非市场化竞争策略，激励政府机构提高行政审批、公共服务效率和增强非正规生产单元的管制。

本文的研究结论有助于政府明确非正规部门发展的政策导向，为政府出台优化实体经济发展营商环境的政策提供参考。非正规部门既能够满足普通技能劳动者的就业需求和中低收入群体的消费需求，也是微创企业和潜在企业家的聚集地，对于创新创业有着积极作用。但是，长期以来的管制缺位和放任发展导致非正规部门成为转型经济的“寄生虫组织”，通过逃避政府管制、生产伪劣假冒品以及侵犯知识产权等行为获得不公平竞争优势，侵害了正规部门企业的合法利益，干扰了企业的正常运营，迫使企业选择贿赂的非正式制度作为合法利益的保障，让企业承担了过高的制度性交易成本。规范和引导非正规生产单元的发展，约束非正规部门生产仿冒伪劣产品、侵犯知识产权等灰色竞争行为，能够有效降低实体企业的运营成本和优化实体经济发展的营商环境。因此，处理好非正规生产单元的管制缺位，保障正规企业的合法利益，应该是转型经济国家优化营商环境的政策着手点。

参考文献

[1] 陈晓红，成璐璐，易国栋. 小微企业的正规化与非正规选择——基于双重信贷市场的

视角［J］. 中国管理科学，2015，23（5）：116－124.

［2］何冰，刘钧霆. 非正规部门的竞争、营商环境与企业融资约束——基于世界银行中国企业调查数据的经验研究［J］. 经济科学，2018（2）.

［3］李后建，刘培森. 繁文缛节与企业腐败［J］. 南开经济研究，2018（3）：40－62

［4］温湖炜. 非正规部门竞争与企业创新行为关系研究——来自制造业部门的实证［J］. 科技进步与对策，2018（6）.

［5］张峰，黄玖立，王睿. 政府管制、非正规部门与企业创新：来自制造业的实证依据［J］. 管理世界，2016（2）：95－111，169.

［6］Distinguin I.，Rugemintwari C.，Tacneng R. Can Informal Firms Hurt Registered SMEs' Access to Credit?［J］. World Development，2016（84）：18－40.

［7］Dutta N.，Kar S.，Roy S. Corruption and persistent informality：An empirical investigation for India［J］. Social Science Electronic Publishing，2013，27（27）：357－373.

［8］Duvanova D. Economic Regulations，Red Tape，and Bureaucratic Corruption in Post-Communist Economies［J］. World Development，2014，59（59）：298－312.

［9］Goto H.，Mano Y. Labor market competitiveness and the size of the informal sector［J］. Journal of Population Economics，2012，25（2）：495－509.

［10］Gërxhani K. The Informal Sector in Developed and Less Developed Countries：A Literature Survey［J］. Public Choice，2004，120（3－4）：267－300.

［11］Hudson J.，Williams C.，Orviska M.，et al. Evaluating the Impact of the Informal Economy on Businesses in South East Europe：Some Lessons from the 2009 World Bank Enterprise Survey［J］. South East European Journal of Economics & Business，2012，7（1）：99－110.

［12］Iriyama A.，Kishore R.，Talukdar D. Playing dirty or building capability? Corruption and HR training as competitive actions to threats from informal and foreign firm rivals［J］. Strategic Management Journal，2016，37（10）：2152－2173.

［13］La Porta R.，Shleifer A. Informality and Development［J］. Journal of Economic Perspectives，2014，volume 9（28）：32－37（6）.

［14］Mccann B. T.，Bahl M. The influence of competition from informal firms on new product development［J］. Strategic Management Journal，2016，38（7）.

［15］Meghir，Costas，Renata Narita，and Jean-Marc Robin. Wages and Informality in Developing Countries［J］. American Economic Review，2015，105（4）：1509－46.

［16］Mendi P.，Costamagna R. Managing innovation under competitive pressure from informal-producers［J］. Technological Forecasting & Social Change，2017（114）：192－202.

［17］Mendi P.，Mudida R. The effect on innovation of beginning informal：Empirical evidence from Kenya［J］. Technological Forecasting & Social Change，2018（131）：326－335.

［18］Milgram B. L. Refiguring Space，Mobilizing Livelihood：Street Vending，Legality，and

Work in the Philippines [J]. Journal of Developing Societies, 2011, 27 (3-4): 261-293.

[19] Pisani M. J. Does Informality Impact Formal Sector Firms: A Case Study from Nicaragua [J]. Journal of Developing Areas, 2015, 49 (2): 317-334.

[20] Rocha R., Ulyssea G., Rachter L. Do lower taxes reduce informality? Evidence from Brazil [J]. Journal of Development Economics, 2018 (134): 28-49.

[21] Rothenberg A. D., Gaduh A., Burger N. E., et al. Rethinking Indonesia's Informal Sector [J]. World Development, 2016 (80): 96-113.

[22] Ulyssea, Gabriel. Firms, Informality, and Development: Theory and Evidence from Brazil [J]. American Economic Review, 2018, 108 (8): 2015-47.

[23] Webb, Justin W. & Bruton, Garry D. & Tihanyi, Laszlo & Ireland, R. Duane. Research on entrepreneurship in the informal economy: Framing a research agenda [J]. Journal of Business Venturing, Elsevier, 2013, 28 (5): 598-614.

[24] Williams C., Horodnic I. A., Windebank J. E. Explaining Participation in the Informal Economy: An Institutional Incongruence Perspective [J]. Social Science Electronic Publishing, 2015, 30 (3): 294-313.

[25] Williams, C. C. and Y. Youssef. Evaluating the gender variations in informal sector entrepreneurship: some lessons from brazil [J]. Journal of Developmental Entrepreneurship, 2013, 18 (1): 157-123.

环境规制与企业产能利用率
——基于纵向产业链视角的研究

徐志伟　李　阳*

摘　要　基于2003～2007年中国工业企业数据库和2007年投入产出表等数据从纵向产业链视角深入解读了下游环境规制对上游企业产能利用率的作用关系及作用机理。为此，在下游环境规制强度与上游企业产能利用率之间构建了理论模型，并采用极大似然估计法对面板数据集进行回归，实证结果表明：第一，下游环境规制强度与上游企业产能利用率呈“U”型关系，即下游环境规制强度必须达到一定的水平之上，才能促进上游企业产能利用率的提高。第二，下游环境规制通过影响市场需求倒逼上游企业技术创新进而推动了企业产能利用率的提高。第三，这种“创新补偿效应”主要体现在上游非国有企业和大企业身上。为此，强化下游行业的环境规制水平、着力激活和发挥上游企业尤其是非国有企业和大企业的创新活力和创新优势，将是从产业链视角提高企业产能利用率的“妙手良方”。

关键词　环境规制　产能利用率　纵向产业链　数理模型

一、引言

当前，产能过剩已成为中国经济的三大风险之一。产能过剩的持续加剧，未来必将严重制约中国经济的增长和可持续性（林毅夫，2010；李斌，

* ［作者简介］徐志伟，天津财经大学商学院副教授，300222；李阳，天津财经大学商学院研究生，300222。

2013)。因此，如何有效化解国内产能过剩危机以确保经济的稳定发展已成为当前中国社会各界人士关注的焦点。世界银行 2003～2007 年公布的中国企业调查数据显示，制造业当中的钢铁、水泥、煤炭、玻璃等原材料行业的企业产能利用率平均水平仅为 73%左右，均未达到 80%，明显低于欧美国家制造企业合理的产能利用率水平，是产能过剩问题的“重灾区”。而这些位于产能过剩“重灾区”的行业普遍存在的另一现象是环境污染严重，例如黑色金属冶炼及压延加工业在 2003～2007 年间年均工业废水排放量和二氧化硫排放量就分别占制造业整体水平的 10%和 15%左右。与此同时，其污染性较高的低质产品作为下游行业的工业原料被投入到下游的生产中，一定程度上还加剧了下游行业的污染，比如对应年份普通机械、专用设备和交通设备三个下游行业的工业废水及二氧化硫年均排放总量就分别逼近制造业总体水平的 4%和 3%，这实际上也给下游的环境治理带来了很大的压力。不难想象，在中国粗放式经济发展模式下，这些高污染行业中的企业产能的扩张及其污染的纵向扩散必然会进一步恶化中国的环境形势。然而，之所以依旧会出现上游高污染企业产能过度扩张及下游行业对低质污染投入品的需求持续旺盛，其重要原因之一就是长期以来的环境监管的失位，导致中国工业企业就环境治理责任存在着严重的“搭便车”现象，环境成本极度外部化，间接引发了企业毫无后顾之忧地进行污染物排放的行为。因此可以说，国内环境监管的不完善孕育了诸多过剩产能尤其是当中的污染产能赖以生存的“沃土”。

令人欣喜的是，中国政府的决策层似乎也逐渐意识到了环境污染与产能扩张之间的联系。从习近平总书记在 2013 年 9 月的中国共产党中央政治局常务委员会上提出必须严格执行环保、能耗等市场准入标准淘汰污染产能，以及 2017 年召开的经济会议上再次强调“打好污染防治攻坚战，要使主要污染物排放总量大幅减少，调整产业结构，淘汰落后产能”似乎就已大致看出了一些迹象。而后，国务院及其部委立马就相应出台了包括《国务院关于化解产能严重过剩矛盾的指导意见》《关于推进供给侧结构性改革防范化解煤电产能过剩风险的意见》等多份指导性文件，要求加强环境规制硬约束、提高产能进入的环保门槛等手段来淘汰落后、污染的产能。从主要领导人的发言到相关要求实实在在落实到政策中更加凸显了中国政府要通过环保手段治理产能过剩的态度和决心。

然而，当前中国政府更多从供给侧入手，采取环保政策对污染、落后产能进行“一刀切”式的治理，其虽然作用力强、见效快，但同样面临诸多挑战，包括对应产能的劳动力何去何从等社会性就业问题。因此，尽管自 2015

年11月中央层面正式提出“供给侧结构性改革”以来，学界就开始从理论解读、原因剖析、对策思考等方面对供给侧改革展开热烈的讨论，但随着研究的深入，学者们逐渐意识到在重视供给侧改革的同时，需求侧的配合同样很重要（刘亮，2016），供给侧改革决不能忽视长期的市场需求调控（任保平，2016；姚洋，2015）。时至今日，我们也应该客观地认识到，这些原材料行业的产能过剩问题实质上不仅只是周期性问题（卢锋，2010），很大程度上还是一个结构性问题，即低端产能过剩，高附加值产品供给不足，产品结构过于单一（刘亮，2016；樊茂清，2017；马红旗，2018），其实际上反映出的是当前市场需求层次较低的现实状况。不难理解，市场竞争是十分激烈的，大多数企业由于自负盈亏，为了维持企业的生存和发展，必然会尽可能地选择成本低廉的低端原料作为生产投入，尽管其污染危害可能较大，但环境监管的失位为企业有效降低生产成本提供了渠道和机会，企业得以扩大利润空间。这种需求端基于环境监管漏洞的“低端锁定”行为实际上成为供给端落后、污染产能扩张的重要动力，间接造成供给端过度集中于生产、加工环节的中低端，而研发等关键环节的滞后或缺位反而带来了更加严重的产能过剩风险（国家发改委宏观经济研究院课题组，2010）。正如凯恩斯经济理论所述，市场需求显然才是影响产品供给的重要因素，其也必然很大程度上作用于产品的供给结构。然而，当前部分研究认为有效需求不足是导致我国产能过剩的重要原因之一（章涛，2016；韩国高，2017）。其实，近些年钢铁和水泥等原材料行业产能过剩严重，然而这些行业的大多数企业却依旧在扩张产能，扩大生产，很重要的原因就是来自市场的低端需求依旧较多，而非全然是企业缺乏理性，盲目扩张产能。因此，市场低端需求旺盛，高端需求不足才是当前我国市场需求影响企业产能利用率的内在实质。这恰恰印证了徐齐利（2018）所说，产能过剩也很可能是由于需求旺盛所致的研究结论。

从目前来看，确实产能过剩企业所属行业多位居上游且污染情况较为严重，已有研究基本上也均考察的是环境规制直接作用于这些产能过剩行业所产生的效果，而忽略了需求侧的重要影响。由于上游原材料行业供给品的高污染性会通过产业链的供求关系将污染扩散到下游行业；同时，诸多的环保政策或环保法规，例如环保法、水污染法等并不仅限于管制高污染的上游行业，也同样会对轻度污染的下游行业起到较大的约束效果。因此，在利用环保手段从供给端采取较为硬性和短期见效快的“一刀切”式淘汰污染、落后产能的基础上，也有必要深入探索环保规制从需求端以相对柔和和长期有效的方式调整需求结构进而调节上游企业的产能利用率，从更长远的视角治理产能过剩危机，才有可能在有效化解周期性、结构性产能过剩的同时，又可以避免带来诸多附加的社会问题。相关事实也已表明环保监管作用于需求端同样会对上游产能过剩行业产生一定的影响。2018 年 6 月，有关部门在江苏、山东等地开展了“环保回头看”的巡查活动，导致氯碱行业的下游工业企业开工受限，从而降低了氯碱的需求量。[①] 因此，深入分析下游环境规制是否能够利用市场需求的调节功能倒逼上游企业产品创新，进而推动上游产能过剩企业淘汰落后、污染产能及增加新产品的市场需求以实现自身产能利用率的提高显然是十分重要的。对这潜在传导机制的研究，既有助于深化对我国原材料行业长期处于产能过剩局面的理解，也有利于我国采取更有效的环保政策来治理产能过剩的原材料行业，克服仅仅从供给侧对产能进行“一刀切”的单一政策取向，而采取更为灵活的供给约束和需求倒逼相配合的环保政策。与多数研究侧重于分析环境规制直接对产能过剩行业的监管影响不同，本文从环境规制引发下游市场需求变化的内在机理出发，深入剖析市场需求变化与上游企业产能利用率变动之间的互动机制，不仅揭示了当前我国上游原材料行业低端产品供给过剩，而高附加值的环保产品供给不足，产品结构单一，低水平产能扩张严重的内在特征，同时也拓宽了环保监管和产业组织理论的研究视角。因此，下游环境规制能否通过产业链上的供需关系提高上游企业的产能利用率，以及这种间接作用关系产生的效果是否能比已有研究的直接影响效果更有效、更有利于我国长期的经济发展十分值得我们深入进行研究。

二、文献综述

当前，学术界关于环境规制与产能过剩间关系的研究也正在层层深入，尽管国内外学者就此聚讼纷纭，但观点却莫衷一是。目前为止，大致形成了以下三种观点：(1)“抑制说”，即环境规制强度的提高会加剧产能过剩。主要的观点包括 Berman（2001）从成本角度出发，认为环境规制强度的提高直接增加了企业的运营成本。因此，资金有限的工业企业将被迫缩减生产所需的投入品数量（杨振兵，2015）。上游产品的供给受到抑制，企业产出减少，上游企业的产能过剩加剧。Eirik（2006）则发现依靠水利发电的北欧电力市

---

① http://vip.stock.finance.sina.com.cn/q/go.php/vReport_Show/kind/industry/rptid/4229716/index.phtml.

场由于水资源严重短缺，从而导致水电企业设备闲置，造成水电行业的产能过剩投资。同时，政府为了应对水污染出台的新的环境规制措施致使水电供应不足的情况更加严重，水电行业产能过剩加重。（2）“促进说”，即适度的环境规制强度将有利于缓解产能过剩。其中，周雨（2014）认为环境污染监管力度低导致了产能过剩的出现，同样 C. Zhang（2012）也认为适当提高环境规制水平会有助于淘汰落后产能，但二者的观点仅停留在理论层面。韩国高（2017）则通过实证模型有力地证明了环境规制强度的提高长期内将通过淘汰落后产能达到缓解产能过剩的效果。（3）“不确定说”，即认为环境规制与产能过剩的关系并不确定。其中主要是 Porter（1995）的假说提出环境规制的增强会引起企业的技术进步，但 Kim（1999）、樊茂清（2017）研究结果却显示技术进步对产能过剩的影响方向是不确定的。因此，提高环境规制水平推动企业技术进步是否能化解产能过剩似乎不得而知。韩国高（2018）的研究结论与之相似，其认为不同的环境规制强度对产能过剩的影响是不同的，环境规制对产能过剩的作用实质上存在一定的“门槛效应”。

与此同时，近年来纵向产业结构也被部分研究引入到理论和实证模型的构建当中，这其中又大致分为两类。一类是自上而下的研究，代表性的文献有孙浦阳（2015）发现上游外资自由化程度越高，越有利于下游具有先进技术的企业出口的扩张。郭长林（2016）则基于产能过剩背景研究了财政政策的扩张通过推动上游原料价格的提高进而影响下游的需求，最终抑制了下游企业的产能利用率。另一类则截然相反，是自下而上的研究，其中代表性的文献有陈爱贞（2008）从技术挤出的角度出发，发现下游行业的技术引进造成市场需求向外转移，抑制了上游纺织缝纫设备企业的供给，导致其创新动力不足，不利于上游企业的技术升级。Li（2012）则对比改革开放前后发现，受改革开放逐步深化的影响，下游企业出口的扩张加大了对上游原材料和中间产品服务的需求，上游垄断企业超额利润产品供应的增多使得其盈利状况改善。吕炜（2016）还从去杠杆的视角出发，提出了通过提高产业链下游民营企业的杠杆率水平进而促进民营企业投资需求增加，并带动产业链上游的国有企业的产能利用率提高的观点。对比两类研究，不难发现自上而下的研究主要基于中国上游企业多为大国企，所在行业往往是垄断行业，具有供给议价优势，进而影响下游需求；而自下而上的研究则主要基于需求对供给的重要影响，即下游需求的匮乏或转移都会严重影响上游企业的供应，进而影响其生产经营。可见，基于不同视角的研究，其结果可能不同。

在此基础之上，环境规制强度对产能过剩的影响机理也开始备受关注。这其中，学者们主要从产业结构、政府体制、污染强度等方面考虑了环境规制对产能过剩的异质性影响。基于政府管理体制视角，江飞涛（2012）发现环境规制政策由于政府管理体制弊端，其效果有限，致使高污染企业生产成本严重外部化，最终引发了产能过剩。杨振兵（2015）和韩国高（2017）则主要从行业特征差异的视角出发，前者认为受行业竞争程度的影响，电力、水等公共服务业中的企业由于具有明显的行政垄断特征，企业生产积极性较低，导致了生产侧产能利用率较低，必须要长期加大环境规制力度才可以缓解其产能过剩，但是该观点尚缺乏系统的验证。而后者更多关注行业中企业的规模分布、污染强度、产权性质等方面的差异所产生的影响，并发现行业中的大型企业越多、污染越严重、国企产值比重越大，环境规制对淘汰落后产能的促进作用越强，越有利于通过环境规制化解产能过剩，其结论与Garofalo（1995）和 Greenstone（2001）的部分观点不谋而合。然而陈俊龙（2017）却就国企去产能问题提出了新的看法，其认为国有企业在目标上具有特殊优势，更容易落实国家的相关政策。因此，国企在环境规制政策去除过剩产能的过程中扮演重要角色。

综上所述，首先，已有文献大多仅基于横向结构视角考察环境规制对产能过剩的影响，但伴随着产业链上下游之间联系的日益紧密，从纵向产业链视角审视二者的关系显然是不可或缺的，如此可以让我们更全面、更准确地把握二者间的联系。其次，综观纵向产业结构视角的有关研究可以发现，这类研究要么基于供给垄断影响需求的视角，要么基于需求影响供给的视角出发考察某一外部因素的冲击对上游或下游企业某种市场行为的影响，故验证了经济理论中的基本观点——需求和供给是存在相互作用关系的。然而，市场需求显然才是决定企业产能利用率高低的最为直接的影响因素（Braguinsky et al.，2015），同时也是市场自动调节产能供需均衡的唯一重要影响因素（马红旗，2018），一旦需求出现萎缩或需求的不确定性增大均易导致企业产能过剩（徐朝阳，2015；马红旗，2018）。由此可见，需求对企业产能利用率的影响十分重大，故本文所要研究的问题是以后者为基础，即环境规制政策直接作用于下游企业进而影响其对上游原材料需求并最终考察如何影响上游企业的产能利用率。最后，学者们就企业所有制、企业规模等差异对去产能的影响依旧没有得出一致的结论。考虑到在经历了 1998 年的国有企业改革后，国有企业逐步集中于产业链的上游（Song et al.，2011；Chang et al.，2015）。因此，从纵向产业链视角研究环境规制对企业产能过剩的影响时，企业所有制等企业属性所产生的差异化影响将是其中不容忽视的关键点之一。

故本文的贡献在于：其一，本文基于纵向产业链视角考察环境规制对产能过剩的影响，具有整体性和系统性，其结果可以为横向视角的研究提供较好的对比，也为供给侧改革背景下后续的去产能计划提供了相关参考依据；其二，基于需求与供给理论，构建了下游环境规制与上游企业产能利用率之间的数理模型；其三，考察了企业所有制、企业规模等因素所产生的异质性影响。

三、研究假设和分析

政府的环境规制政策往往通过对企业施加经营环保标准进而约束企业的生产经营活动，其本质上是将环境治理成本由过往的外部化纳入企业内部。于是，环境成本的内部化将会促使企业调整自己的生产活动以平衡生产成本的增加（谢荣辉，2014）。短期内，环境规制引起的生产成本的增加，导致部分生产预算有限的工业企业将不得不缩减原材料的投入数量（杨振兵，2015），进而抑制了上游供应商的产出。但是，面对需求初始微弱的下降，企业往往并不会立即做出淘汰落后、污染产能的反应，这是因为保留这部分产能所需要支付的成本通常要远远低于缩减这部分产能所支付的调整成本（Abel，1983；Stiglitz，1999），以及部分行业由于资产专用性导致产能退出困难等问题的存在（Pindyck，1986；Dixit，2010）。因此，产出的减少加剧了其产能过剩。然而在长期，污染的加剧会使下游企业面临更大的环境规制压力，促使其寻找更环保、更绿色的投入品进行消费。这种严格环境监管之下产生的强烈的绿色消费需求有效推动了上游供应商的技术创新活动（Kammerer，2009），进而带动了上游企业环保、高质产品产出的增加。同时，新产品凭借着其更高效的生产过程以及更符合环保标准的优势实现对落后产能的驱逐，进而加速了企业内部落后产能的淘汰过程（王立国，2012）。因此，较高的下游环境规制强度通过推动上游企业的技术进步有效缓解了上游企业的产能过剩。

假设1：下游环境规制强度与上游企业产能利用率之间呈“U”型关系。

假设2：下游环境规制通过促进上游企业技术创新进而提高了企业的产能利用率。

下游环境规制强度对上游企业产能过剩的影响可能因企业所有权性质、企业规模大小的不同而存在异质性。下游企业因环境规制政策的有力约束，会逐步减少对上游低质污染产品的需求，影响上游企业的经营和盈利，进而倒逼上游企业进行创新产出创造新需求。然而，国有企业相比非国有企业而言，一方面无须自负盈亏以及存在委托代理的问题，另一方面获得政府资助的概率和额度都要大（刘和旺，2016）。因此，其在面对下游需求变化时产品创新动力不足，无法促使其积极开展创新活动增加环保产出。此外，正如董晓庆（2014）所说，国有企业还因长期面临寻租、市场竞争弱等损害创新效率的环境，同样也不利于其在面对需求减少时积极进行创新。而对于上游的中小企业而言，考虑到内部资金有限加之研发环境不成熟，其研发能力相对较弱（张军，2005）。因此，下游环境规制较难通过产品需求变化倒逼上游的中小企业进行技术创新活动。相反，大企业则不同，其资金优势明显且获取外部融资更加容易，同时拥有更加成熟的研发环境和较多的研发人才，其研发能力更强，环境规制更容易推动上游大企业进行产品技术创新以改善其产能利用率。故本文提出：

假设3：下游环境规制通过推动上游企业技术创新进而提高企业产能利用率在上游非国有企业和大企业当中是显著的，而对国有企业和中小企业是不显著的。

四、理论模型

假设污染物是在企业生产过程中产生的，厂商的产出越多，则污染物通常也越多。而厂商的生产经营活动又是在一定的环境规制条件下进行的，因此企业生产过程中污染物的排放受到外部环境规制的约束。此外，由于本文并未研究同一行业内部企业间的竞争，因此为了简化理论推导过程，本文参考陈爱贞（2008）对上下游数理模型的构建，假设上下游行业均只有一家代表性企业，且下游企业的产品直接面向市场。根据传统的经济理论，企业经营的目标主要是实现其利润最大化，故首先分别构建上下游企业的利润函数：

$$\pi_u = P_u Q_u - C_u(Q_u) \tag{1}$$

$$\pi_d = P_d Q_d - P_u Q_u - C_d(Q_d, \theta_d) \tag{2}$$

式中，π 表示企业利润，P 表示产品价格，Q 表示产品产量，C 表示成本，下标 u 和 d 分别代表上下游。其中，考虑到本文研究的重点在于下游环境规制对上游企业产能利用率的影响，故为突出研究的重点仅考虑下游企业受到环境规制的影响，上游企业并未直接受到环境规制的约束。因此，上游企业的成本 $C_u(Q_u)$

仅包括生产成本，不包含环境成本，且是关于其产量的函数。而下游企业的成本则由两大部分构成：上游的原材料投入成本 P_uQ_u 和自身排放污染物所产生的环境规制成本 $C_d(Q_d,\theta_d)$，它是关于产量和环境规制强度 $\theta_d(\theta_d\in(0,1))$ 的函数。其他成本忽略不计。

在此基础上，为了方便运算起见，我们进一步设定具体的函数形式：

$$P_u = a_u - b_uQ_u \tag{3}$$

$$P_d = a_d - b_dQ_d \quad (a_d > a_u > 0, b_u > b_d > 0) \tag{4}$$

$$C_u(Q_u) = gQ_u = [g_1(R_u) + g_2]Q_u = (h - kR_u + g_2)Q_u$$
$$(a_u > g > 0, g_1g_2 > 0, h > k > 0, R_u \in (0,1)) \tag{5}$$

$$C_d(Q_d,\theta_d) = (f\theta_d^2 - e\theta_d + i)Q_d \quad (i > e > 0, f > e > 0) \tag{6}$$

$$n = \frac{Q_d}{Q_u} \quad (n > 0) \tag{7}$$

首先，式（3）和式（4）分别表示上下游企业的需求函数，上游的需求函数来自下游，下游的需求函数则是来自市场，因此并不相同。其次，在式（5）中上游的成本函数等于单位产品成本 g 乘以产量，而单位产品成本又由单位产品固定成本 g_1 和单位产品可变成本 g_2 构成。进一步考虑到，相同条件下，企业的产能利用率越高，其耗费相同固定成本所获得的产出越多，即单位产品固定成本越低，因此，本文假设单位产品固定成本是企业产能利用率的边际递减函数，为便于计算，设定为 $g_1 = h - kR_u$，其中 R_u 为上游企业的产能利用率，不考虑企业的超负荷生产行为。然后，式（6）表示的是下游的环境规制成本函数，借鉴史贝贝（2017）的研究，本文假设环境规制成本函数 $C_d(Q_d,\theta_d)$ 关于环境规制强度 θ_d 二阶可导，且关于 Q_d 边际成本递增，显然产出的数量决定了污染物的排放数量，而污染物的数量又很大程度影响了环境规制成本。因为本文的研究前提是存在环境规制的，所以不考虑当 $\theta_d=0$ 时的情况。而只要当 $\theta_d>0$，则 $C_d(Q_d,\theta_d)>0$。具体又表现为：当 $\theta_d\in\left(0,\ \frac{1}{2}\right]$ 时，θ_d 越大，$C_d(Q_d,\theta_d)$ 的增速越小，即环境规制在较低的强度水平变化时，给企业带来的成本压力是较小的；而当 $\theta_d\in\left(\frac{1}{2},\ 1\right)$ 时，θ_d 越大，$C_d(Q_d,\theta_d)$ 的增速越大，即环境规制在较强的水平上变化时，给企业带来的成本压力很大。同时，在环境规制强度一定时，随着产量的上升，企业的环境规制成本确实是上升的，因为 $\frac{\partial C_d}{\partial Q_d} = f\theta_d^2 - e\theta_d + i > i - e\theta_d > i - e > 0$。最后，我们假定上下游企业间的直接消耗系数 $n=\frac{Q_d}{Q_u}$，即生产一单位的下游产品需消耗 $n(n>0)$ 个单位的上游原材料投入。

根据企业利润最大化的原则，对式（1）和式（2）进行联立求解：

$$\pi_u = P_uQ_u - C_u(Q_u) = (a_u - b_uQ_u)Q_u - (h - kR_u + g_2)Q_u \quad (8)$$

$$\pi_d = P_dQ_d - P_uQ_u - C_d(Q_d, \theta_d) = (a_d - b_dQ_d)Q_d - \frac{P_u}{n}Q_d - (f\theta_d^2 - e\theta_d + i)Q_d \quad (9)$$

分别就上下游企业的利润函数对其产量进行求导，并分别令 $\frac{\partial \pi_u}{\partial Q_u}=0$ 和 $\frac{\partial \pi_d}{\partial Q_d}=0$，可解得：

$$Q_u = \frac{a_u + kR_u - g_2 - h}{2b_u}$$

$$P_u = \frac{a_u - kR_u + g_2 + h}{2}$$

$$Q_d = \frac{2n(a_d - f\theta_d + e\theta_d - i) + kR_u - (a_u - g_2 - h)}{4nb_d}$$

假设市场需求是相对稳定的，即 Q_d 为常数，则可对上式 Q_d 进行转换，进而得到：

$$R_u = \frac{2nf}{k}\theta_d^2 - \frac{2ne}{k}\theta_d + \frac{h + a_u + g_2 + 2n(2nb_dQ_d - a_d + i)}{k} \quad \theta_d \in (0,1) \quad (10)$$

从式（10）的函数关系式可知，上游企业产能利用率 R_u 是关于下游环境规制强度 θ_d 的二次函数，且开口向上，对称轴为 $\theta_d=\frac{e}{2f}\in(0,\ 1)$。即图形关系如图 1 所示。

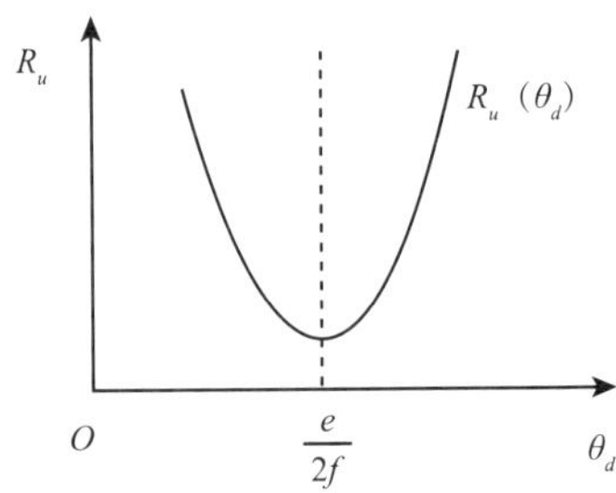

图 1　上游企业产能利用率与下游环境规制强度之间关系

五、模型设定和变量说明

（一）模型设定

1. 基准模型设定

$$LCU_{ift} = \alpha_0 + \alpha_1 LDSER_{it} + \alpha_2 LDSER_{it}^2 + \alpha_3 CONTROL + \sigma + \tau + \zeta \quad (11)$$

式中，i 代表行业，f 代表企业，t 代表年份，CU_{ift} 表示上游企业的产能利用率，用以衡量企业的产能过剩程度，$DSER_{it}$ 表示下游行业环境规制强度，$CONTROL$ 表示模型所涉及的企业层面控制变量，包括了企业规模 $LSIZE_{ift}$、企业年龄 $LAGE_{ift}$、企业全要素生产率 $LTFP_{ift}$，以及企业的人均资本 LPC_{ift}，并分别控制了行业效应 σ 和地区效应 τ，ζ 表示估计模型的残差，L 表示取自然对数。

2. 传导机制模型设定

$$LCU_{ift} = \alpha_0 + \alpha_1 LDSER_{it} + \alpha_2 LDSER_{it}^2 + \alpha_3 LDSER_{it} \times TECH_{ift} + \alpha_4 CONTROL + \sigma + \tau + \zeta \quad (12)$$

为了验证理论分析中下游环境规制通过推动上游企业技术进步进而提高了上游企业的产能利用率的论据，本文借鉴吴俊培（2017）的研究，在基准模型的基础上通过加入下游环境规制与上游企业技术进步交乘项的方法构建了上述模型。式（12）中，$TECH_{ift}$ 表示上游企业的技术创新程度。借鉴刘和旺（2016）等研究，本文采用企业新产品产值①占比其工业总产值作为代理变量，其他与基准模型保持一致。

3. 异质性模型设定

$$LCU_{ift} = \alpha_0 + \alpha_1 LDSER_{it} + \alpha_2 LDSER_{it}^2 + \alpha_3 LDSER_{it} \times TECH_{ift} \times X_k + \alpha_4 CONTROL + \sigma + \tau + \zeta \quad (13)$$

式（13）在式（12）的基础上，通过加入企业特征变量 X_k，其中 k 表示某种企业特征（$k=1$，2）进而考察不同企业类型所产生的异质性影响，旨在研究下游环境规制推动了哪类上游企业的技术进步进而影响了其产能利用率，

① 2004 年中国工业企业数据库部分企业的新产品产值数据存在缺漏，本文采用企业面板数据集中同一企业前后年份该指标数据均值将其补齐。

或理解为下游环境规制推动上游企业技术进步改善了其产能利用率是否适用于所有的上游企业。其中，按企业实际控股情况（$k=1$）划分国有控股企业为国有企业，赋值为1，即 $X_1=1$；非国有企业赋值为0，即 $X_1=0$。按企业规模代码（$k=2$）划分，大企业赋值为1，即 $X_2=1$。中小企业赋值为0，即 $X_2=1$；其他变量与前面一致。

（二）变量构建和说明

1. 上游企业产能利用率指标

借鉴 Morrison（1985）、韩国高（2011）等研究，本文假设厂商以追求利润最大化为生产目标，根据对偶理论，利润最大化问题即成本最小化问题。同时，假定企业长期规模收益是不变的，且资本 K 是唯一的固定要素投入，则企业的可变成本函数（VC）可以表示为：

$$VC=VC(K,\Delta K,P_i,T,Y) \tag{14}$$

其中，可变成本是资本 K、资本变化量 ΔK、可变要素投入价格 P_i、技术进步 T 和产出 Y 之间的函数。进而可得到企业的短期总成本函数：$STC=VC+P_kK$，其中，P_k 是资本的租赁价格。进一步根据 Cassels（1937）的定义可知，产能产出 Y^* 是平均成本最低点所对应的产出水平，故由包络定理可知，Y^* 就是短期和长期平均成本曲线切点处所对应的产出水平。于是，令 $\partial STC/\partial K=\partial VC/\partial K+P_k=0$，故可以得到成本最小化时的产出 Y，也即产能产出 Y^*，进而最终可以求得产能利用率为：

$$CU=Y/Y^*=\Phi(K,\Delta K,P_i,P_k,T) \tag{15}$$

根据 Morrison 和 Berndt（1981）构建的标准化后的可变成本函数，本文将劳动（L）、原材料（M）作为可变要素投入，资本 K 作为固定要素投入，用 P_L、P_M 分别表示劳动和原材料的使用价格，进而将该成本函数改写成：

$$\begin{aligned}\overline{VC}&=L+\overline{P}_M M\\&=Y\times\left(\delta_0+\delta_{0T}T+\delta_M\overline{P}_M+\frac{1}{2}\eta_{MM}\overline{P}_M^2+\delta_{MT}T\right)+\\&\quad\delta_k K+\frac{1}{2}\left(\eta_{kk}\frac{K^2}{Y}+\beta_{kk}\frac{\Delta K^2}{Y}\right)+\eta_{Mk}\overline{P}_M K+\delta_{Tk}TK\end{aligned} \tag{16}$$

结合前面的论述，令 $\left.\frac{\partial STC}{\partial K}\right|_{Y=Y*}=P_L\left.\frac{\partial \overline{VC}}{\partial K}\right|_{Y=Y*}+P_k=0$，进而最终可以解得 Y^*：

$$Y^* = \frac{\eta_{kk} K}{\delta_k + \eta_{Mk} \overline{P}_M + \delta_{Tk} T + \overline{P}_k} \tag{17}$$

将式（17）结果带入式（15）即可求出企业层面的产能利用率。

数据来源方面，借鉴 Brandt（2012）、韩国高（2011）等研究，其中原材料以及资本的价格指数（以 2003 年为 1）来源于《中国统计年鉴》；企业数据主要来源于 2003 ~2007 年中国工业企业数据库中企业层面的具体数据。劳动价格等于企业本年应付工资总额除以其员工总数，并以 2003 年为基期的居民消费价格指数进行平减。另外，资本存量 K 采用企业的固定资产净额，原材料 M 用企业工业中间投入表示，劳动 L 使用企业的员工总数，使用时间趋势项来表示技术进步 T，产出 Y 使用企业的工业总产值表示，与韩高国（2011）使用工业增加值有所不同的原因在于，根据国家统计局 2018 年 1 月最新发布的关于 2017 年制造业相关行业的产能利用率数据中有关产能利用率指标的解释，即企业的实际产出是指企业报告期内的工业总产值，为此进行了相关变动。对于工业企业数据库的数据，本文参照聂辉华（2012）、谢千里（2008）等人的数据处理方法进行了如下数据处理：删除了职工人数小于 8 人的企业；剔除了增加值、总产值、总资产、固定资产净额、流动资产为负或缺漏的观测值；剔除了总资产小于流动资产，总资产小于固定资产净额或累计折旧小于本年折旧的情况的观测值等。此外，本文还根据两位数行业代码首先剔除采掘业以及电力等燃料动力行业，仅留下制造业行业；其次借鉴吕炜（2017）的研究，对投入产出表进行相关处理后①，将制造业中的原材料行业作为上游行业②，其他则作为下游行业处理。

2. 下游行业环境规制强度指标

截至当前，关于环境规制指标的度量尚无统一的标准和观点。单一环境

① 将制造业 83 个五位数代码部门合并成 30 个二位数代码行业：（1）农副食品加工业；（2）食品制造业；（3）饮料制造业；（4）烟草制造业；（5）纺织业；（6）纺织服装、鞋、帽制造业；（7）皮革、毛皮、羽毛及其制品业；（8）木材加工及木竹藤棕草制品业；（9）家具业；（10）造纸和纸制品业；（11）印刷业和记录媒介的复制业；（12）文教、工美、体育和娱乐用品；（13）医药制品业；（14）化学纤维制造业；（15）橡胶制品业；（16）塑料制品业；（17）非金属矿物制品业；（18）金属制品业；（19）通用设备制造业；（20）专用设备制造业；（21）交通设备制造业；（22）电气机械及器材制造业；（23）通信设备、计算机及其他电子设备制造业；（24）仪表仪器制造业；（25）石油加工、炼焦及核燃料加工业；（26）化学原料及化学制品制造业；（27）黑色金属冶炼及压延加工业；（28）有色金属冶炼及压延加工业；（29）工艺品及其他制造业；（30）废弃资源和废旧材料回收加工业。

② 中国工业和信息化部对原材料行业的划分为钢铁、有色、石化、化工和建材，这五大类主要包括的两位数制造业行业为：(7)，(8)，(10)，(14)，(15)，(16)，(17)，(25)，(26)，(27)，(28)，即上游行业。

规制指标具有指标选取的主观性较强，从而增加了合适选取环境规制指标的难度。为此，本文借鉴赵细康（2016）、王杰（2014）等以综合指数法构建环境规制指标，选取了废水排放达标率、烟尘去除率、粉尘去除率、二氧化硫去除率和固体废弃物综合利用率 5 个单项指标①来构建环境规制指标：

$$PO_{ij}^{s}=\frac{PO_{ij}-\mathrm{Min}(PO_{j})}{\mathrm{Max}(PO_{j})-\mathrm{Min}(PO_{j})} \tag{18}$$

式中，i 代表行业，j 代表污染物类别，PO_{ij} 为各单项指标的原值。$\mathrm{Max}(PO_j)$、$\mathrm{Min}(PO_j)$ 分别表示 j 类污染物指标在所有下游行业中的最大值和最小值。进一步考虑到制造业内部不同行业间各类污染物指标的差异较大，为此，对各单项指标进行了标准化处理，进而得到 PO_{ij}^{s}。

$$SER_{i}^{s} = \sum_{j=1}^{5}\mu_{ij} \times PO_{ij}^{s} \tag{19}$$

式中，μ_{it} 表示 i 行业 j 类污染物的权重，它等于 i 行业 j 类污染物的排放量占比与 i 行业的工业总产值占比的比值。SER_{i}^{s} 为下游各个行业的环境规制强度。

最后，本文借鉴孙浦阳（2015）对上游外资管制程度的构建方法，结合投入产出表中各行业间的投入产出关系，在式（19）的基础上，构建对应上游行业的下游环境规制强度指标如下：

$$DSER_{i}^{s} = \sum_{i=1}^{n1} SER_{i}^{s} \times \theta_{i} \tag{20}$$

式中，θ_i 为某一下游行业 i 将某一上游行业产品作为中间投入在所有下游行业该类中间投入品中所占比重，度量了 i 行业作为下游行业与某一上游行业间的投入产出关系，n_1 是下游行业的数量。借鉴相关研究以及基于所研究数据跨度的考虑，本文采用了 2007 年中国 135 个部门间的投入产出表确定产业间的投入产出系数 θ_i，进而求得模型所需的解释变量 $DESR_{i}^{s}$。

3. 控制变量（*CONTROL*）

本文在控制变量选取方面参考了王文甫（2014）、干春晖（2015）、贾润崧（2016）和王永进（2017）等人关于企业层面产能利用率的相关研究，选取了企业规模 *LSIZE*，用企业的总资产取对数表示；企业年龄 *LAGE*，用当年减去企业开业年限加 1 取对数表示；企业生产率 *LTFP*，采用 LP 半参估计法

① 数据来源于 2003～2007 年《中国统计年鉴》，部分行业个别年份的个别指标数据缺失，本文采用同一行业前后年份数据均值将其补齐。

求得的全要素生产率对数值表示；企业人均资本 *LPC*，采用企业固定资产净额除于员工总数取对数表示。上述指标数据均来自对应年份的中国工业企业数据库中的微观企业数据。

主要变量的描述性统计结果详见表 1。

表 1　　主要变量的统计描述

变量名称	指标名称	观测数	均值	标准差	最小值	最大值
环境规制	*DESR*	30855	3.47	2.22	0.56	12.42
产能利用率	*CU*	30855	0.61	0.33	0	1.49
产品创新	*TECH*	30855	0.04	0.15	0	1
企业规模	*LSIZE*	30855	10.49	1.66	6.41	18.52
企业年龄	*LAGE*	30855	2.23	0.76	0	4.87
企业生产率	*LTFP*	30855	7.02	1.24	-1.16	12.61
企业人均资本	*LPC*	30855	4.21	1.14	-0.35	9.80

六、实证结果及分析

对面板数据进行相关的变量和数据的沃尔德（Wald）检验①结果显示其 p 值为 0.0587，大于 0.05，故强烈接受同方差的原假设，说明模型不存在异方差。因此，本文在此基础上选择采用极大似然估计法（MLE）对上述模型进行估计，以提高参数估计的一致性以及保证估计的有效性。

（一）下游环境规制对上游企业产能利用率影响的基准模型估计结果及其分析

由表 2 可以看到，在基准模型（1-1）中我们除了被解释变量和解释变量外，未加入任何其他的变量，发现下游环境规制的平方项 $LDSER_{it}^2$ 与上游企业产能利用率 LCU_{ift} 在 1% 水平上显著相关且系数为正，即呈现“U”型关系，说明当下游环境规制强度较低时，环境规制强度的提升会加剧上游企业的产能过剩，而只有当下游环境规制提升至一个较高水平之上时，其才会有利于缓解上游企业的产能过剩。主要原因在于初始的下游环境规制虽然较弱，但同样给下游企业带来了一定的成本压力，在企业生产资金约束下，其必然会适当减少对上游

① 沃尔德检验结果的具体内容由于篇幅有限，并未列出，如有需要请联系笔者。

低质、污染投入品的需求，否则一旦低质、污染投入品进入到下游企业的生产环节，下游企业将因其产生的污染物而支付较高的污染排放成本。因此，下游需求的减少抑制了上游企业的产出，加剧其产能过剩。而一旦下游环境规制强度提升至较高的水平，下游环境规制强度的进一步加强，必将逼迫下游企业改变以往的投入品消费习惯，进行绿色消费，否则将面临高额的污染物排放成本，严重影响企业的利润。下游企业对投入品需求偏好的变化迫使上游的企业必须要进行技术创新，实现环保投入品的生产及产出的增加，进而确保企业的可持续经营。同时，市场上环保投入品凭借其低污染物排放的质量优势将对污染投入品产生挤出效应，倒逼上游企业调整其生产结构，淘汰内部落后产能，从而有效缓解了上游企业产能过剩。在基准模型（1－2）中我们加入了上文所述的四个企业层面的控制变量，结果发现 $LDSER_{it}^2$ 与 LCU_{ift} 仍在1%水平上显著正相关，且控制变量均显著。其中 $LSIZE_{ift}$ 与产能利用率负相关，其原因很可能是大企业由于资金充裕，固定资产投资规模较大，易造成产能出现冗余。$LAGE_{ift}$ 与产能利用率正相关，可能是因为当企业创办时间越久，其对市场供需变化的了解和应对经验会更加成熟，进而在市场供求发生变化时对生产的调整更加有效和及时，因此产能利用率越高。$LTFP_{ift}$ 对产能利用率有正向作用，主要原因不难理解，技术水平越高的或说生产效率越高的企业，同样的要素投入，其产出相对更多，在短期产能变动不大的情况下，产能利用率越高。而 LPC_{ift} 的系数显著为负，原因可能是企业的人均资本越高说明企业的固定资产规模越大，亦即企业的产能越大，而在同样的产出水平上，产能越大则产能利用率就会越小。基准模型（1－3）中，本文进一步控制了行业效应和省份效应，结果显示所有变量的系数符号和显著性与前面估计结果基本一致，因此可以说明下游环境规制强度与上游企业的产能利用率呈“U”型关系的结论具有可靠性和一致性。

表2　　基准模型

变量	（1－1）LCU_{ift}	（1－2）LCU_{ift}	（1－3）LCU_{ift}
$LDSER_{it}$	－0.6415*** （－30.20）	－0.5851*** （－36.87）	－0.3798*** （－17.30）
$LDSER_{it}^2$	0.4565*** （38.08）	0.4413*** （48.62）	0.8408*** （73.66）
$LSIZE_{ift}$		－0.1675*** （－24.66）	－0.1792*** （－31.27）

续表

变量	(1-1) LCU_{ift}	(1-2) LCU_{ift}	(1-3) LCU_{ift}
$LAGE_{ift}$		0.2457*** (32.36)	0.1179*** (16.53)
$LTFP_{ift}$		0.4649*** (98.99)	0.4457*** (100.05)
LPC_{ift}		-0.5524*** (-92.66)	-0.5877*** (-108.27)
行业效应	未控制	未控制	控制
省份效应	未控制	未控制	控制
常数项	-1.4942*** (-89.38)	-1.2915*** (-22.93)	-4.0267*** (-45.97)
观测值	30855	30855	30855

注：表中*、**和***分别代表系数在10%、5%和1%的显著性水平下显著；()内的数字代表z统计量。

（二）下游环境规制对上游企业产能利用率影响的传导机制模型估计结果及分析

由表3可知，传导机制模型通过加入交乘项的方式考察了上游企业的技术创新在下游环境规制与上游企业产能利用率间的作用，结果发现：首先，在模型（2）中，下游环境规制强度$LDSER_{it}^2$与上游企业产能利用率LCU_{ift}的系数在1%的水平上显著为正，证明了下游环境规制与上游企业的产能利用率之间呈显著的“U”型关系。其次，进一步又发现，上游企业技术创新变量$TECH_{ift}$与解释变量下游环境规制强度的交乘项系数为正，且在10%的水平上显著，即说明下游环境规制强度的提高确实是通过推动上游企业的技术创新进而提高了企业的产能利用率。主要原因是下游企业受到环境规制政策的约束，迫使其积极寻找绿色投入品进行消费，以减少生产过程中由于低质污染投入品投入生产所带来的污染物的排放量增多，因此这必将倒逼上游企业进行环保产品的研发创新，以实现投入品的绿色化生产以及增加环保产品的产出以创造新的需求稳定企业的生产经营。同时，环保产品生产的扩张必然会加快上游企业内部生产低质污染投入品的落后产能的退出，以实现生产结构的调整，最终上游企业的产能利用率得以提高。这与夏晓华（2016）的论证不谋而合，即企业利用创新手段增强产品的质量或技术含量有利于增强产品的市场竞争力，进而增加产品需求最终释放过剩产能。

表 3 传导机制模型

变量	（2）LCU_{ift}
$LDSER_{it}$	-0.03814*** （-17.36）
$LDSER_{it}^2$	0.8406*** （73.65）
$LDSER_{it} \times TECH_{ift}$	0.0368* （1.81）
$LSIZE_{ift}$	-0.1796*** （-31.30）
$LAGE_{ift}$	0.1181** （16.54）
$LTFP_{ift}$	0.4457*** （100.36）
LPC_{ift}	-0.5878*** （-108.27）
行业效应	控制
省份效应	控制
常数项	-4.0224*** （-45.89）
观测值	30855

注：表中 * 、** 和 *** 分别代表系数在 10%、5% 和 1% 的显著性水平下显著；（）内的数字代表 z 统计量。

（三）下游环境规制对上游企业产能利用率的异质性影响及其分析

为了证实假设 3，本文将基于上游企业的性质和规模差异来考察下游环境规制对上游企业产能利用率的影响。模型估计结果如表 4 所示。

在表 4 中，回归结果（3-1-1）和（3-1-2）是考虑了企业所有制特征后的结果，回归结果（3-2-1）和（3-2-2）则是考虑了企业规模特征后的结果。我们可以观察到，首先，在考虑上游企业特征的情况下，下游环境规制的平方项 $LDSER_{it}^2$ 与上游企业产能利用率间的估计系数均依旧为正，且均在 1% 的水平上显著，这说明下游环境规制强度与上游企业产能利用率之间的“U”型关系依旧成立。其次，对比回归结果（3-1-1）和（3-1-2）可以发现国有企业样本中 $LDSER_{it} \times TECH_{ift}$ 系数虽为正，但并不显著；相反，非国有企业样本中该系数则在5%的水平上显著为正。同理，在回归结果（3－2－1）和（3－2－2）中，大企业的$LDSER_{it} \times TECH_{ift}$系数显著为正，而中小企业的该系数则不显著。这说明了下游环境规制推动上游企业技术创新进而促进企业产能利用率提高的传导机制只有在非国有企业和大企业当中存在，在国有企业和中小企业当中不存在。这是因为，国有企业由于无须自负盈亏且常年有大额的政府补贴和财政支持而缺乏创新活力，下游需求的减少并不会刺激其进行技术创新；而非国有企业则正好相反，企业自负盈亏，面对下游环境规制引发的需求下降，企业为维持自身的经营必须要谋求产品的技术创新以创造新的需求。而对于大企业，相较中小企业而言，其更具资金优势和成熟的研发环境，面对低质污染产品需求减少，环保产品需求增加的需求转换，大企业更容易通过产品的技术创新创造新的需求和增加环保产品产出。

表4　　　　异质性模型

变量	（3－1－1）LCU_{ift}	（3－1－2）LCU_{ift}	（3－2－1）LCU_{ift}	（3－2－2）LCU_{ift}
	$X_1=1$	$X_1=0$	$X_2=1$	$X_2=0$
$LDSER_{it}$	-0.6015^{***} (－9.48)	-0.3329^{***} (－14.28)	-0.1522 (－1.33)	-0.3781^{***} (－17.10)
$LDSER_{it}^2$	1.1424^{***} (35.80)	0.7554^{***} (60.96)	0.8855^{***} (14.19)	0.8169^{***} (70.88)
$LDSER_{it} \times TECH_{ift}$	0.0307 (0.62)	0.0463^{**} (1.98)	0.2756^{**} (2.24)	0.0261 (1.20)
$LSIZE_{ift}$	-0.2942^{***} (－25.46)	-0.1355^{***} (－21.39)	-0.2767^{***} (－6.89)	-0.1284^{***} (－20.49)
$LAGE_{ift}$	-0.0643^{***} (－3.94)	0.1686^{***} (22.16)	-0.0621^{**} (－2.28)	0.1351^{***} (18.57)
$LTFP_{ift}$	0.4662^{***} (39.84)	0.4412^{***} (92.96)	0.5800^{***} (19.45)	0.4421^{***} (99.13)
LPC_{ift}	-0.4957^{***} (－37.04)	-0.5990^{***} (－104.89)	-0.4671^{***} (－12.89)	-0.6054^{***} (－110.45)
行业效应	控制	控制	控制	控制
省份效应	控制	控制	控制	控制
常数项	-4.2113^{***} (－20.87)	-4.1552^{***} (－44.01)	-5.5567^{***} (－9.99)	-4.3576^{***} (－47.90)
观测值	5189	25666	1195	29660

注：表中*、**和***分别代表系数在10%、5%和1%的显著性水平下显著；（）内的数字代表z统计量。

下面，本文还进一步观察了模型（2）的传导机制在中国不同地区的作用效果。按照原国家计委的界定及众多学者的研究，本文关于中国东、中、西部三大地区的划分沿用了传统的方法①，即东部地区共包括辽宁、北京等12个省份；中部地区则包括内蒙古、黑龙江等9个省份；西部地区包括四川、重庆等10个省份。模型估计结果如表5所示。

表5 地区差异回归

变量	EAST	MIDDLE	WEST
	LCU_{ift}	LCU_{ift}	LCU_{ift}
$LDSER_{it}$	−0.3470*** (−11.86)	−0.4464*** (−10.53)	−0.4400*** (−8.41)
$LDSER_{it}^2$	0.8655*** (58.70)	0.7142*** (31.62)	0.8687*** (28.75)
$LDSER_{it} \times TECH_{ift}$	0.0435* (1.71)	0.0179 (0.33)	−0.0298 (−0.48)
$LSIZE_{ift}$	−0.1403*** (−18.93)	−0.2887*** (−26.85)	−0.1694*** (−10.71)
$LAGE_{ift}$	0.1470*** (14.98)	0.0791*** (6.55)	0.0928*** (4.94)
$LTFP_{ift}$	0.4166*** (72.38)	0.5389*** (60.95)	0.4256*** (37.77)
LPC_{ift}	−0.6108*** (−88.40)	−0.5109*** (−48.34)	−0.6027*** (−39.72)
行业效应	控制	控制	控制
省份效应	控制	控制	控制
常数项	−4.3632*** (−42.39)	−3.4599*** (−25.00)	−4.1126*** (−20.16)
观测值	19793	6846	4216

注：表中*、**和***分别代表系数在10%、5%和1%的显著性水平下显著；( )内的数字代表z统计量；L表示取对数。

表5中，EAST、MIDDLE、WEST所在的列分别表示模型（2）的传导机制在中国东、中、西部地区的影响。由结果可以看到，东、中、西部地区下

① 东部地区：辽宁、北京、天津、河北、山东、上海、浙江、江苏、广东、海南、福建、广西；中部地区：内蒙古、黑龙江、吉林、山西、河南、湖北、湖南、安徽、江西；西部地区：四川、重庆、云南、新疆、甘肃、青海、西藏、宁夏、贵州、陕西。

游环境规制强度与上游企业产能利用率都呈显著的“U”型关系，但所关注的交乘项 $LDSER_{it} \times TECH_{ift}$ 的估计系数则存在差异，东部显著为正，中、西部则不显著。即下游环境规制通过技术创新推动上游企业产能利用率提高的传导机制只在东部地区存在。究其原因，很可能与东部地区经济发展水平较高有关，这与任优生（2016）的研究结论类似。

七、稳健性检验

考虑到环境规制强度指标衡量方法的多样性，本文结合 Levinson（1996）等人的研究，采用下游行业单一污染物——二氧化硫的排放量（*EMISSION*）作为下游环境规制强度的代理变量，对下游环境规制影响上游企业产能利用率及其传导机制，以及该传导机制只在上游非国有企业和大企业当中存在这三个基本结论，即基准模型、传导机制模型和异质性模型的结果均进行稳健性检验。同时，回归的方法和控制变量均与前文保持一致。

表 6 中，首先从（一）中可以发现，以行业二氧化硫排放量衡量的下游环境规制强度与上游企业产能利用率之间仍呈现显著的“U”型关系；其次从（二）中可以观察到，下游环境规制确实通过倒逼上游企业技术创新进而提高了其产能利用率；最后，（三）、（四）、（五）、（六）的估计结果也表明了（二）中的传导机制只存在于上游的非国有企业和大企业，而对于国有企业和中小企业则不存在。同时，与前面对应的模型结果相比，主要的解释变量和控制变量的估计系数的符号和显著性基本保持一致。因此，证明了本文的研究结论是比较稳健的。

表 6　稳健性检验

变量	（一）	（二）	（三）	（四）	（五）	（六）
	LCU_{ift}	LCU_{ift}	LCU_{ift} $(X_1=0)$	LCU_{ift} $(X_1=1)$	LCU_{ift} $(X_2=0)$	LCU_{ift} $(X_2=1)$
$EMISSION_{it}$	-5.1600*** (-30.55)	-5.1636*** (-30.57)	-4.5540*** (-25.82)	-6.7813*** (-13.32)	-4.2567*** (-4.68)	-4.9961*** (-29.66)
$EMISSION_{it}^2$	6.9527*** (35.90)	6.9503*** (35.89)	6.200*** (30.61)	8.8620*** (15.22)	4.8789*** (4.72)	6.7731*** (35.05)
$EMISSION_{it} \times TECH_{ift}$		0.1384** (2.40)	0.1398** (2.26)	0.1877 (1.38)	1.1739*** (3.89)	0.0919 (1.59)

续表

变量	（一）	（二）	（三）	（四）	（五）	（六）
	LCU_{ift}	LCU_{ift}	LCU_{ift} $(X_1=0)$	LCU_{ift} $(X_1=1)$	LCU_{ift} $(X_2=0)$	LCU_{ift} $(X_2=1)$
$LSIZE_{ift}$	-0.3325^{***} (−54.59)	-0.3331^{***} (−54.63)	-0.2688^{***} (−39.79)	-0.5114^{***} (−40.68)	-0.5600^{***} (−15.04)	-0.2687^{***} (−40.21)
$LAGE_{ift}$	0.1301^{***} (18.58)	0.1301^{***} (18.58)	0.1779^{***} (23.91)	-0.0376^{**} (−2.41)	-0.0691^{***} (−2.71)	0.1490^{***} (20.83)
$LTFP_{ift}$	0.6767^{***} (113.84)	0.6766^{***} (113.82)	0.6561^{***} (104.49)	0.7605^{***} (49.37)	1.0647^{***} (27.87)	0.6650^{***} (111.44)
LPC_{ift}	-0.4915^{***} (−92.18)	-0.4916^{**} (−92.20)	-0.5157^{**} (−91.77)	-0.3957^{**} (−30.47)	-0.3598^{**} (−10.79)	-0.5158^{**} (−95.15)
CN_{ift}	-1.6604^{***} (−50.04)	-1.6598^{***} (−50.03)	-1.5933^{***} (−45.13)	-2.0958^{***} (−25.00)	-4.0844^{***} (−18.43)	-1.600^{***} (−48.33)
行业效应	控制	控制	控制	控制	控制	控制
省份效应	控制	控制	控制	控制	控制	控制
常数项	0.3963^{***} (5.00)	0.4012^{***} (5.06)	-0.2516^{***} (−2.91)	2.0660^{***} (12.97)	−0.6412 (−1.26)	-0.1581^{*} (−1.87)
观测值	30855	30855	25666	5189	1195	29660

注：表中 * 、** 和 *** 分别代表系数在 10%、5% 和 1% 的显著性水平下显著；( ) 内的数字代表 z 统计量，L 表示取对数。

八、结论和政策建议

基于中国环境污染形势愈发严重的现状以及当前部分制造业“去产能”的迫切需要，结合近些年政府针对化解国内严重产能过剩的相关指引，本文利用 2003 ~2007 年中国工业企业数据库、《中国统计年鉴》及 2007 年投入产出表等数据着重考察了下游环境规制对上游企业产能利用率的影响及其传导机制，并从企业所有制、企业规模等因素视角深入探究了下游环境规制对上游企业产能利用率的异质性影响。研究结论：（1）下游环境规制强度与上游企业产能利用率之间呈显著的非线性正“U”型关系。（2）下游环境规制强度的提升通过推动上游企业的技术创新进而提高了企业自身的产能利用率。即初始较弱的环境规制强度增加了下游企业的生产成本，导致下游企业对低质污染投入品的需求减少，进而抑制了上游企业的供给（产出），上游企业的产能过剩进一步恶化；但随着下游环境规制强度的进一步增强，下游需求的结构变化将倒逼上游企业进行技术创新，进而最终通过实现环保产出的生产和增加创造新需求以及淘汰内部落后、污染的产能，达到有效缓解上游企业产能过剩效果。（3）下游环境规制主要是通过推动上游非国有企业和大企业的技术创新进而提高了其自身的产能利用率，而不适用于国有企业和中小企业，其主要原因在于面对环境规制带来的下游产品需求变化，国有企业缺乏创新动力，而中小企业则研发能力有限，导致无法通过技术创新提高其产能利用率。（4）结论（2）中的传导机制在东部地区是成立的，而在落后的中、西部地区则不成立。

本文的研究遵从国务院印发的《“十三五”生态环境保护规划》——强化环境硬约束推动淘汰落后、污染产能。在此基础上，结合市场需求作为影响企业产能利用率最直接的因素，倡导政府利用环境规制将污染治理等外部性成本纳入企业成本核算，通过成本调节需求，需求影响供给结构的思路，充分利用市场经济的调节作用化解产能过剩行业的产能过剩问题。因此，本文结论对当前政府部门采用环保手段治理制造业产能过剩问题具有以下几点重要的政策启示：

第一，继续提高环境规制水平和完善环境监管体系。尽管短期内较弱的环境规制会一定程度上加剧企业主要是产业链上游企业的产能过剩，但政府当局不应立即予以否定或是趑趄不前，反而应继续坚持和强化环境规制政策，用发展的眼光看待环境规制政策与化解产能过剩之间的关系，长期内将有利于倒逼企业进行研发和创新，推动企业产能利用率的提高。此外，要加快完善针对环境污染的监管体系、加速构建反映资源稀缺程度的市场价格机制以及尽快出台针对环境污染的问责机制，逐步全面地提高环境监管和环境治理的力度。

第二，发挥政府政策调节市场经济的功能。对于产能过剩企业，相关政府部门应该实施“双管齐下”的方针来化解产能过剩问题：在已有针对落后、污染产能以“强制退出+限制进入”的管制基础上，要充分利用政府政策与市场相关因素的结合，如采取环境规制政策与市场需求的结合优化需求结构倒逼企业创新、创新补贴政策与企业生产效率的结合提高生产效率增加产出、出口免税政策与产品品质的结合升级产品质量扩大市场需求等方式使政策发挥更大、更长效的作用来化解产能过剩。

第三，鼓励、支持企业创新和完善创新成果保护机制。相关政府部门应不断鼓励制造业企业开展创新研发活动，并加大政府对企业的创新扶持力度，尤其是对中小企业的支持，增强企业创新驱动发展动力。从前面的论证中也看到了，企业自身的产品创新对缓解产能过剩发挥了重要作用。此外，还应鼓励行业管理协会组织企业研发交流座谈会，鼓励行业技术领先者向行业内部企业传授技术和经验，有助于提高行业整体的技术水平和产能利用率水平。同时，要继续加强企业的创新成果保护和产品质量体系建设，打击高污染、高仿真产品，整顿规范市场秩序，提高企业创新的积极性和营造有利于各类企业自主创新的市场环境。

第四，加快国有企业民营化改革和引导产能过剩企业退出。从结论（3）我们可以看到国有企业由于缺乏创新动力而民营企业研发能力又较弱，均导致下游环境规制无法通过刺激上游企业产品创新改善其产能利用率。为此，首先，应该加快国有企业民营化改革的步伐，尤其是集中于产能过剩行业中的国有企业，通过改革提升企业的创新活力尤为必要。其次，鼓励国有企业进行更多的创新研发活动，释放国有企业的研发能量和优势。最后，要积极引导部分国有企业或中小企业从产能过剩行业退出，拓展这些企业退出产能过剩行业的渠道和降低行业退出壁垒。

第五，鼓励生产和消费节能环保型产品。产品质量的提升无论是对环境治理还是对淘汰企业内部污染、落后产能都十分重要。为此，应鼓励企业不断进行创新活动以提高产品的技术含量，鼓励和支持企业淘汰内部落后、污染产能。同时，倡导消费端消费环保节能产品，支持对购买节能环保型产品的行为提供税收优惠甚至是免税政策。营造起整个社会的绿色环保生产消费理念，既有助于保护环境又有利于消灭落后、污染产能，化解产能过剩问题。

参考文献

[1] 陈爱贞，刘志彪，吴福象．下游动态技术引进对装备制造业升级的市场约束——基于我国纺织缝制装备制造业的实证研究［J］．管理世界，2008（2）：72－81.

[2] 陈俊龙，汤吉军，杨然．沉淀成本、国有股最优比例与产能过剩分析［J］．软科学，2017，31（1）：10－14.

[3] 董晓庆，赵坚，袁朋伟．国有企业创新效率损失研究［J］．中国工业经济，2014（2）：97－108.

[4] 樊茂清．中国产业部门产能利用率的测度以及影响因素研究［J］．世界经济，2017，40（9）：3－26.

[5] 干春晖，邹俊，王健．地方官员任期、企业资源获取与产能过剩［J］．中国工业经济，2015（3）：44－56.

[6] 郭长林．财政政策扩张、纵向产业结构与中国产能利用率［J］．管理世界，2016（10）：13－33，187.

[7] 国家发改委宏观经济研究院课题组，王岳平．“十二五”时期我国产业结构调整战略与对策研究［J］．经济研究参考，2010（43）：28－61.

[8] 韩国高，高铁梅，王立国，齐鹰飞，王晓姝．中国制造业产能过剩的测度、波动及成因研究［J］．经济研究，2011，46（12）：18－31.

[9] 韩国高．环境规制、技术创新与产能利用率——兼论“环保硬约束”如何有效治理产能过剩［J］．当代经济科学，2018，40（1）：84－93，127.

[10] 韩国高．环境规制能提升产能利用率吗？——基于中国制造业行业面板数据的经验研究［J］．财经研究，2017，43（6）：66－79.

[11] 贾润崧，胡秋阳．市场集中、空间集聚与中国制造业产能利用率——基于微观企业数据的实证研究［J］．管理世界，2016（12）：25－35.

[12] 江飞涛，耿强，吕大国，李晓萍．地区竞争、体制扭曲与产能过剩的形成机理［J］．中国工业经济，2012（6）：44－56.

[13] 李斌，彭星，欧阳铭珂．环境规制、绿色全要素生产率与中国工业发展方式转变——基于36个工业行业数据的实证研究［J］．中国工业经济，2013（4）：56－68.

[14] 林毅夫，巫和懋，邢亦青．“潮涌现象”与产能过剩的形成机制［J］．经济研究，2010（10）：118.

[15] 刘和旺，郑世林，王宇锋．环境规制阻碍了中国企业技术创新吗［J］．产业经济评论，2016（3）：91－105.

[16] 刘和旺，郑世林，左文婷．环境规制对企业全要素生产率的影响机制研究［J］．科研管理，2016，37（5）：33－41.

[17] 刘亮，李洁，李明月．供给侧改革应与需求侧管理相配合［J］．贵州社会科学，2016（7）：117－122.

[18] 卢锋．新时期宏调工具多样化特征［A］．北京大学国家发展研究院．二零一零年春季 CCER 中国经济观察［C］．北京大学国家发展研究院，2010（21）：23.

[19] 吕炜，高帅雄，周潮．供给侧结构性改革加剧价格波动吗［J］．中国工业经济，2017（8）：5－24.

[20] 吕炜，高帅雄，周潮．投资建设性支出还是保障性支出——去杠杆背景下的财政政策实施研究［J］．中国工业经济，2016（8）：5－22.

[21] 马红旗，黄桂田，王韧，申广军．我国钢铁企业产能过剩的成因及所有制差异分析［J］．经济研究，2018，53（3）：94－109.

[22] 聂辉华，江艇，杨汝岱．中国工业企业数据库的使用现状和潜在问题［J］．世界经济，2012，35（5）：142－158.

[23] 任保平．供给侧改革与需求管理相结合的经济增长路径［J］．甘肃社会科学，2016

(4)：208－212.

［24］任优生，任保全．环境规制、规模差异与战略性新兴产业研发创新［J］．山西财经大学学报，2016，38（1）：67－77.

［25］史贝贝，冯晨，张妍，杨菲．环境规制红利的边际递增效应［J］．中国工业经济，2017（12）：40－58.

［26］孙浦阳，蒋为，陈惟．外资自由化、技术距离与中国企业出口——基于上下游产业关联视角［J］．管理世界，2015（11）：53－69.

［27］王杰，刘斌．环境规制与企业全要素生产率——基于中国工业企业数据的经验分析［J］．中国工业经济，2014（3）：44－56.

［28］王立国，王晓姝．理性发展现代煤化工行业的思考——基于防范产能过剩风险的视角［J］．宏观经济研究，2012（1）：3－12.

［29］王立国，周雨．体制性产能过剩：内部成本外部化视角下的解析［J］．财经问题研究，2013（3）：27－35.

［30］王文甫，明娟，岳超云．企业规模、地方政府干预与产能过剩［J］．管理世界，2014（10）：17－36，46.

［31］王永进，匡霞，邵文波．信息化、企业柔性与产能利用率［J］．世界经济，2017，40（1）：67－90.

［32］吴俊培，艾莹莹，龚旻．地方财政竞争无效率的实证分析［J］．财政研究，2017（7）：89－101.

［33］夏晓华，史宇鹏，尹志锋．产能过剩与企业多维创新能力［J］．经济管理，2016，38（10）：25－39.

［34］谢千里，罗斯基，张轶凡．中国工业生产率的增长与收敛［J］．经济学（季刊），2008（3）：809－826.

［35］徐朝阳，周念利．市场结构内生变迁与产能过剩治理［J］．经济研究，2015（2）：75－87.

［36］徐齐利，王文举，聂新伟．行业前景、市场占先与产能过剩［J］．产业经济评论，2018（2）：10－34.

［37］杨振兵，张诚．产能过剩与环境治理双赢的动力机制研究——基于生产侧与消费侧的产能利用率分解［J］．当代经济科学，2015（6）：42－52.

［38］姚洋．供给侧结构性改革中的几个重点问题［J］．河南社会科学，2016，24（1）：4－6.

［39］原毅军，谢荣辉．环境规制的产业结构调整效应研究——基于中国省际面板数据的实证检验［J］．中国工业经济，2014（8）：57－69.

［40］张军，鲍璇．我国中小企业技术创新实现模式初探［J］．软科学，2005（3）：85－87.

［41］章涛．制度扭曲视角下产能过剩的需求侧原因分析［J］．商，2016（30）：296.

[42] 赵细康，王彦斐．环境规制影响污染密集型产业的空间转移吗？——基于广东的阶段性观察［J］．广东社会科学，2016（5）：17－32.

[43] Abel，A. Optimal Investment under Uncertainty［J］. American Economic Review，1983，Vol. 73，228－233.

[44] Berman E.，Bui L. T. M. Environmental regulation and labor demand：Evidence from the South Coast Air Basin［J］. Journal of Public Economics，1997，79（2）：265－295.

[45] Berndt E. R.，Morrison C. J. Capacity Utilization Measures：Underlying Economic Theory and an Alternative Approach［J］. American Economic Review，1981，71（2）：48－52.

[46] Braguinsky，S.，A. Ohyama，T. Okazaki，and Chad Syverson. Acquisitions，Productivity，and Profitability：Evidence fromthe Japanese Cotton Spinning Industry［J］. Ssrn Electronic Journal，2015，Vol. 105，201－239.

[47] Cassels J. M. Excess Capacity and Monopolistic Competition［J］. Quarterly Journal of Economics，1937，51（3）：426－443.

[48] Chang C.，Chen K.，Waggoner D. F.，et al. Trends and Cycles in China's Macroeconomy［J］. Social Science Electronic Publishing，2015，30（1）：1－84.

[49] Dixit，B. A. The Role of Investment in Entry Deterrence［J］. Economic Journal，2010，Vol. 90.

[50] Eirik S. Amundsen，Lars Bergman，Nils-Henrik M. Von der Fehr. The Nordic Electricity Market［M］. Elsevier Inc.，2006.

[51] Garofalo G. A.，Malhotras D. M. Effect of environmental regulations on state-level manufacturing capital formation［J］. Journal of Regional Science，1995，35（2）：201－216.

[52] Greenstone M. The impacts of environmental regulatons on industrial activity；Evidence from the 1970 and 1977 clean air act amendments and the census of manufactures［R］. NBER Working Paper，2001，No. 8484.

[53] Kammerer D. The effects of customer benefit and regulation on environmental product innovation. Empirical evidence from appliance manufacturers in Germany［J］. Ecological Economics，2009，68（8）：2285－2295.

[54] Kim，Sangho，Han，et al. The Effects of Public Infrastructure and R&D Capital on the Cost Structure in Korean Manufacturing Industry［C］. Management and Service Science (MASS)，2010 International Conference on. IEEE，1999：1－4.

[55] Levinson，A. Environmental Regulation and Manufactures´Location Choices；Evidence from the Census of Manufactures［J］. Journal of Public Economics，1996（62）.

[56] Li，X.，Liu，X. W. and Y. Wang. A Model of China's State Capitalism［J］. SSRN Working Paper，2012.

[57] Pindyck，R. S. Irreversible Investment，Capacity Choice，and the Value of the Firm［J］. American Economic Review，1986，Vol. 28，969－985.

[58] Porter M. E. , Claas V. D. L. Toward a New Conception of the Environment-Competitiveness Relationship [J]. Journal of Economic Perspectives, 1995, 9 (4): 97 -118.

[59] Stiglitz, J. E. Toward a General Theory of Wage and Price Rigidities and Economic Fluctuations [J]. American Economic Review, 1999, Vol. 89, 75 -80.

[60] Zhang C. , Tong-Shen Y. U. Can Environmental Regulation Influence Industrial Concentration? An Empirical Study [J]. China Population Resources & Environment, 2012.

[61] Zheng S. , Storesletten K. , Zilibotti F. Growing Like China [J]. Cepr Discussion Papers, 2011, 101 (1): 196 -233.

中国工业 SO_2 排放分解因素效应分析
——基于考虑环境规制的 LMDI 方法

胡建辉*

摘　要　本文运用考虑环境规制的 LMDI 方法，分解分析了 2003～2012 年我国工业 SO_2 排放变化的环境规制效应、技术进步效应、产业结构效应、经济发达效应、人口流动效应和人口效应等影响因素效应。研究发现，环境规制和产业结构调整都是抑制工业 SO_2 排放量上升的影响因素，但环境规制的作用更加显著；环境规制是工业 SO_2 排放强度下降的决定性因素，产业结构调整对工业 SO_2 排放量上升的抑制作用省际差异较为明显；清洁生产技术落后与创新不足总体上引致了工业 SO_2 排放的增加；经济增长是导致工业 SO_2 排放量上升的主要推动力，其中，西部地区最为显著；人口规模扩大促进了工业 SO_2 排放量上升，但是影响较为微弱；人口分布变化虽不利于东部地区工业 SO_2 排放量下降，但对中、西部地区工业 SO_2 排放量的上升却有抑制作用。因此，各省份在发展经济的同时，需加快技术创新步伐，尤其是中、西部地区；充分利用多种环境规制手段，因地制宜实施环境规制；不断调整优化产业结构，尤其是工业内部结构。

关键词　工业 SO_2 分解因素效应　环境规制　LMDI

---

* ［作者简介］胡建辉，北京大学经济学院博士后，100871。
［基金项目］国家社会科学基金重大项目“转型发展新阶段中国经济增长动力研究”（14ZDB120）。

一、引言

改革开放以来，尤其是随着城市化和工业化的快速推进，中国虽然取得了举世瞩目的经济社会发展成就，但也由此带来了日益严重的生态环境问题。以当前最主要的环境问题——空气污染为例，SO_2排放形成的酸雨不仅会给工业、农业和古建筑造成重大损失（汪克亮等，2015），而且作为有毒气体的SO_2在大气中能催化生成毒性更强的硫酸雾（白永亮等，2016），对人的呼吸系统、心血管系统和生殖系统会造成一定危害（刘玉香，2017）。据统计，我国的SO_2排放量高居世界第一，每年因SO_2排放而对生态环境造成的损害和对人体健康影响造成的经济损失约为1100亿元（李瑞萍等，2010）。针对日益严重的生态环境问题，中央和地方各级政府相继出台一系列生态环境保护法律法规，例如，2016年11月国务院通过的《“十三五”生态环境保护规划》明确提出了主要污染物排放总量减少的目标。具体来看，到2020年末，化学需氧量和氨氮的排放总量比2015年分别减少10%，SO_2和氮氧化物的排放总量比2015年分别减少15%。

当前，在生态文明建设等“五位一体”总体布局统筹推进的背景下，如何在保持经济平稳持续快速发展的同时，又能有效控制和降低工业SO_2排放量，实现空气质量改善和环境恶化问题缓解，保障人民身体健康，走出一条绿色可持续发展道路，相关研究显得尤为重要。通过对现有相关文献的梳理发现，国内外学者对工业SO_2排放已进行了大量研究，研究的关注点主要集中于两个方面：一是经济增长与环境污染的脱钩关系；二是工业SO_2排放总量的驱动因素。

对于经济增长与环境污染脱钩关系的研究，Vehmas等（2003）将经济增长和环境压力之间是否同步变化关系的脱钩理论进行了改良，认为应将经济增长率与环境压力变化率之比同0进行比较，大于0为脱钩，小于0为复钩。Tapio（2005）则以弹性系数的形式将经济增长与环境污染之间的关系表现出来，并依据经济增长率、污染排放变化率和脱钩弹性系数的不同，将脱钩的状态进行划分。程钰等（2014）将脱钩理论和LMDI模型相结合探究了工业经济增长的环境规模效应、结构效应和技术效应的变化特征，发现山东省SO_2、烟尘、粉尘等大气污染物排放状况总体趋势改善，但污染物排放的产业集聚性特征较为明显。夏勇和钟茂初（2016）以中国271个地级城市的工业SO_2排放数据为样本研究了经济增长与环境污染之间的脱钩关系，发现递增的环境规制有利于经济增长与环境污染的脱钩，环境规制对脱钩状态的影响既与自身规制强度有关，也与政府科技投入有关。夏勇和胡雅蓓（2017）利用中国30个省份的工业SO_2排放数据，通过对Tapio脱钩弹性系数实施因果链分解，发现经济增长和工业增长脱钩对总脱钩产生了正向影响，经济集聚有利于经济增长与环境污染脱钩。此外，还有其他学者也进行了类似研究（马丽等，2016）。

对于工业SO_2排放总量驱动因素的研究，Stern（2002）在对全球SO_2排放变化进行实证研究时，运用非线性排放分解模型从投入结构、产出结构、规模和技术变化四个方面探究了污染物排放变化的影响因素。Fujii（2013）运用LMDI分解分析方法，从行业层面考察了中国各个省份的10个工业行业的SO_2排放量变化的影响因素，发现生产规模扩张是导致工业SO_2排放量增加的重要原因，不过在末端治理措施与能源利用效率提高产生的减排效果的作用下，生产规模扩张的增排效应基本被抵消。王菲等（2014）运用工业结构特征偏向指数方法考察了宁蒙沿黄地带资源型产业密集区SO_2与粉尘排放强度的变化，发现重工业的高速发展、区域工业结构的单一化是其主要影响因素。刘满芝等（2015）研究发现经济规模扩张和煤炭污染强度增加对SO_2排放上升产生了正向促进作用，污染物的末端处理措施、能源结构与强度的变化则不同程度地抑制了SO_2排放的增加。杨冕和杨君甜（2017）运用LMDI分解方法研究了我国制造业SO_2排放变化的驱动因素，发现制造业SO_2排放上升的最主要因素来自于规模效应，对制造业SO_2减排效果最显著的因素是技术进步。此外，也有许多学者展开了此类研究（夏艳清，2011；郭国庆等，2013）。

在使用LMDI分解方法考察方面，国内外学者除用于研究SO_2排放变化的影响因素之外，还用于研究水资源消耗和碳排放的变化。在水资源消耗研究方面，Duarte等（2002）、Hassan（2003）、Sachidananda等（2012）、章渊和吴凤平（2015）、张陈俊等（2014）、刘晨跃等（2017）等分别从不同角度研究了水资源消耗变化的影响因素。其中Duarte等通过对西班牙各产业部门用水状况的研究，认为对于产业用水特性的分析应当突破直接用水系数、完全用水系数和关联度等指标的局限，进行更加全面的考察。刘晨跃等运用LMDI-I分解模型考察了我国三大产业生产用水的人口效应、经济水平效应和用水效率效应，认为人口效应抑制了第一产业的用水消耗，但促进了第二、三产业的用水消耗，经济水平效应和用水效率效应分别对三大产业的用水消耗产生正向促进和负向抑制作用。在碳排放研究方面，Greening（2001）、Shrestha和Timisinafen（1996）、Dhakal（2003）、孔立和朱立志（2016）、杨红娟等（2014）、杜威等（2016）、黄勤和何晴（2017）等分别从不同角度就碳排放的影响因素进行了考察。其中 Shrestha 和 Timisinafen 基于亚洲 12 个国家的电力部门数据，运用 LMDI 分解方法研究了二氧化碳的排放情况，发现能源强度是导致碳排放变化的主要因素。黄勤和何晴使用 LMDI 方法将长江经济带能源消费二氧化碳排放变化的驱动因素分解为经济规模效应、产业结构效应、能源强度效应和能源结构效应，研究表明经济规模和产业结构变化对二氧化碳排放变化具有正向作用，能源强度和能源结构对二氧化碳排放变化产生负向作用。

从已有研究来看，国内外学者对工业 SO_2 排放以及在使用 LMDI 方法所做分析方面均进行了大量有益探索，取得了不俗研究成果。但是，由于我国区域社会经济发展差距较为明显，已有研究鲜有考察区域异质性对工业 SO_2 排放变化的影响。此外，已有研究工业 SO_2 排放变化影响因素的文献将主要影响因素归结为产业结构、技术进步、经济发展、能源消耗以及人口规模，但令人遗憾的是这些文献均忽略了环境规制对工业 SO_2 排放的影响，环境规制的实施会引致地区产业结构、技术进步等发生变化，对于我们这样一个经济发展方式不断转型，生态文明建设等“五位一体”总体布局不断推进的国家而言更加具有研究意义。基于此，本文利用对数均值迪氏指数分解法（Logarithmic Mean Divisia Index，LMDI）从环境规制、技术进步、产业结构、经济增长、人口流动和人口规模 6 个维度将我国各省份工业 SO_2 排放变化的影响因素进行相应分解，并就工业 SO_2 排放强度变化对工业 SO_2 排放的影响展开研究。期望能够对全国及各省份工业 SO_2 排放变化的具体渠道和内在机制，尤其是环境规制在其中扮演的角色进行定量研究，从而为政府相关部门在管控地区工业 SO_2 排放，改善大气生态环境方面的决策提供有益支持。

本文余下内容安排如下：第二部分是模型设置与数据说明；第三部分是考虑环境规制的工业 SO_2 排放变化因素分解；第四部分是本文的进一步研究；第五部分是结论与政策建议。

二、模型设置与数据说明

（一）模型设置

指数分解方法（Index Decomposition Analysis，IDA）和结构分解方法（Structure Decomposition Analysis，SDA）是用于污染物排放变化影响因素分析

的两种主要方法。由于 SDA 方法需要依赖投入产出表，因而其应用受到一定限制。IDA 方法不仅对数据的要求较少，而且在数学方法上严密可行，便于操作，因而其应用较 SDA 更为普遍。IDA 方法主要包括拉式指数分解法和迪式指数分解法，究竟在具体运用中哪种方法更为合适，不同的学者有不同的看法，Ang（2004）研究认为对数均值迪式指数分解法（LMDI）是最优的方法。由于 LMDI 方法有加法和乘法两种模型，出于分解结果解释难易程度的考虑，本文将采用 LMDI 加法模型进行分析。

工业 SO_2 排放总量 W 可表示为：

$$W = \sum_i W_i = \sum_i \frac{W_i}{C_i} \times \frac{C_i}{I_i} \times \frac{I_i}{Y_i} \times \frac{Y_i}{P_i} \times \frac{P_i}{P} \times P \tag{1}$$

式中，W_i 为第 i 个地区的工业 SO_2 排放量（万吨）；C_i 为第 i 个地区的工业 SO_2 产生量（万吨）；I_i 为第 i 个地区的工业增加值（亿元）；Y_i 为第 i 个地区的国内生产总值（亿元）；P_i 为第 i 个地区的人口数（万人）；P 为总人口数（万人）。

对式（1）做进一步整理可得：

$$W = \sum_i EEF_i \times CEF_i \times IEF_i \times YEF_i \times SP_i \times P \tag{2}$$

式中，EEF_i 为第 i 个地区工业 SO_2 排放量与产生量的比值，反映了工业 SO_2 的排放比例，该指标数值越小，表明污染的治理程度越好，可作为环境规制的一个代理指标；CEF_i 为第 i 个地区的单位工业增加值工业 SO_2 产生量，该指标数值越小，表明该地区的清洁生产技术水平越好；IEF_i 为第 i 个地区的工业增加值占国内生产总值的比重，由于工业是环境的主要污染源，该指标数值下降有利于工业 SO_2 排放量的减少；YEF_i 为第 i 个地区的人均国内生产总值，表示收入水平变化对工业 SO_2 排放量的影响；SP_i 为第 i 个地区的人口占总人口的比重。

考虑时间因素，式（2）可以改写为：

$$\begin{aligned}\dot{W} = & \sum_i \dot{EEF}_i \times CEF_i \times IEF_i \times YEF_i \times SP_i \times P \\ & + \sum_i EEF_i \times \dot{CEF}_i \times IEF_i \times YEF_i \times SP_i \times P \\ & + \sum_i EEF_i \times CEF_i \times \dot{IEF}_i \times YEF_i \times SP_i \times P \\ & + \sum_i EEF_i \times CEF_i \times IEF_i \times \dot{YEF}_i \times SP_i \times P\end{aligned}$$

$$+\sum_i EEF_i \times CEF_i \times IEF_i \times YEF_i \times \dot{SP}_i \times P$$

$$+\sum_i EEF_i \times CEF_i \times IEF_i \times YEF_i \times SP_i \times \dot{P} \qquad (3)$$

将式（3）改成增长率的形式，则变成：

$$\dot{W} = \sum_i g_{EEF_i} w_i + \sum_i g_{CEF_i} w_i + \sum_i g_{IEF_i} w_i + \sum_i g_{YEF_i} w_i + \sum_i g_{SP_i} w_i + \sum_i g_p w_i \qquad (4)$$

式中，g 为增长率；w_i 为权数，且 $w_i = EEF_i \times CEF_i \times IEF_i \times YEF_i \times SP_i \times P$。如果时间从 $t-1$ 变化到 t，对式（4）进行积分，便可得到：

$$D = \int_{t-1}^{t} \sum_i g_{EEF_i} w_i \mathrm{d}t + \int_{t-1}^{t} \sum_i g_{CEF_i} w_i \mathrm{d}t + \int_{t-1}^{t} \sum_i g_{IEF_i} w_i \mathrm{d}t + \int_{t-1}^{t} \sum_i g_{YEF_i} w_i \mathrm{d}t + \int_{t-1}^{t} \sum_i g_{SP_i} w_i \mathrm{d}t + \int_{t-1}^{t} \sum_i g_P w_i \mathrm{d}t \qquad (5)$$

式中，D 表示工业 SO_2 排放的变化量。为了消除积分，需要对权数函数 w_i 进行确认，Sato（1976）认为对数均值权值函数具有良好的性质，可以被广泛应用。对数均值权值函数的具体形式为：

$$\begin{cases} f(x,y) = (y-x)/\ln(y/x) & x \neq y \\ f(x,x) = x & x = y \\ f(0,y) = f(x,0) = 0 \end{cases} \qquad (6)$$

结合式（1），可以进一步得到工业 SO_2 排放量变化影响因素分解分析的权值函数：

$$\ln(w_i^{t-1}, w_i^t) = \frac{W_i^t - W_i^{t-1}}{\ln W_i^t - \ln W_i^{t-1}} \qquad (7)$$

将式（7）代入式（5），便得到工业 SO_2 排放变化的六个驱动因素，分别为：

$$D = D_{EEF} + D_{CEF} + D_{IEF} + D_{YEF} + D_{SP} + D_P \qquad (8)$$

$$D_{EEF} = \sum_i \frac{W_i^t - W_i^{t-1}}{\ln W_i^t - \ln W_i^{t-1}} \ln \frac{EEF_i^t}{EEF_i^{t-1}} \qquad (9)$$

$$D_{CEF} = \sum_i \frac{W_i^t - W_i^{t-1}}{\ln W_i^t - \ln W_i^{t-1}} \ln \frac{CEF_i^t}{CEF_i^{t-1}} \qquad (10)$$

$$D_{IEF} = \sum_i \frac{W_i^t - W_i^{t-1}}{\ln W_i^t - \ln W_i^{t-1}} \ln \frac{IEF_i^t}{IEF_i^{t-1}} \qquad (11)$$

$$D_{YEF} = \sum_i \frac{W_i^t - W_i^{t-1}}{\ln W_i^t - \ln W_i^{t-1}} \ln \frac{YEF_i^t}{YEF_i^{t-1}} \tag{12}$$

$$D_{SP} = \sum_i \frac{W_i^t - W_i^{t-1}}{\ln W_i^t - \ln W_i^{t-1}} \ln \frac{SP_i^t}{SP_i^{t-1}} \tag{13}$$

$$D_P = \sum_i \frac{W_i^t - W_i^{t-1}}{\ln W_i^t - \ln W_i^{t-1}} \ln \frac{P^t}{P^{t-1}} \tag{14}$$

式（8）中，D 表示工业 SO_2 排放量的变化，即 $D = W^t - W^{t-1}$；D_{EEF}、D_{CEF}、D_{IEF}、D_{YEF}、D_{SP}和 D_P 分别表示环境规制效应、技术进步效应、产业结构效应、经济发达效应、人口流动效应和人口效应，分别反映环境规制、技术进步、产业结构调整、收入水平变化、人口流动和总人口变化对工业 SO_2 排放量变化的影响。

值得说明的是，上述模型不仅适用于时间从 $t-1$ 变化到 t 的情形，也同样适用于时间从 0 变化到 t 的情形，为避免重复，这里不再赘述。

（二）指标选取和数据说明

由于 2013 年及其以后相关统计年鉴中只有工业 SO_2 的排放量数据，缺少工业 SO_2 的去除量或产生量数据，故本文所选用样本为 2003 ~ 2012 年中国 30 个省份的平衡面板数据（不包括中国港澳台地区，由于西藏数据缺失严重，暂不予以考虑）。所用数据根据历年《中国环境年鉴》、《中国环境统计年鉴》、《中国统计年鉴》、《中国人口和就业统计年鉴》和“中经网统计数据库”整理计算得到。所涉数据为产值指标、人口指标和工业 SO_2 指标，对相关指标做如下说明：

1. 产值指标

为消除价格因素的影响，各地区的工业增加值和国内生产总值均按照 2000 年的不变价格（2000 年 = 100）进行平减处理。单位工业增加值的工业 SO_2 产生量由工业 SO_2 产生总量除以调整后的工业增加值得到；各地区工业增加值占国内生产总值的比重依照调整后的产值计算；人均地区生产总值根据调整后的地区生产总值除以人口数计算得到。

2. 人口指标

总人口指标有常住人口和户籍人口两种统计口径，随着改革开放的不断深入，经济社会得到快速发展，出现在城乡之间、城市与城市之间的人口流动日趋活跃，但是很多人口的户籍并未因流动性的加强而改变。因此，相比于户籍人口，常住人口指标更能对一个地区的人口状况给予真实反映。本文使用各地区常住人口作为地区人口指标，Ma（2014）曾使用该项指标表征地区人口流动。各地区人口占全国总人口的比重反映的是一地区的人口分布，而地区人口流动又是引起地区人口分布变化的重要因素，中国有着规模巨大的流动人口，其势必会对地区人口的分布产生深远影响，并进一步影响地区工业 SO_2 排放量的变化。

3. 工业 SO_2 指标

由于相关统计年鉴中只提供了 2011 年和 2012 年两个年份的工业 SO_2 产生量数据，其余年份的产生量数据根据工业 SO_2 去除量和排放量加总得到。

三、考虑环境规制的工业 SO_2 排放变化因素分解

（一）分解因素效应的时间差异

根据式（8）至式（14），计算得到 2003～2012 年中国工业 SO_2 排放变化的分解因素效应，如表 1 所示。

表 1　2003～2012 年中国工业 SO_2 排放变化的分解因素效应* 　单位：万吨

年份	环境规制效应	技术进步效应	产业结构效应	经济发达效应	人口流动效应	人口效应	总效应
2003～2004	-67.06	31.19	-100.82	225.11	-0.28	11.87	100.01
2004～2005	-42.09	215.48	-155.43	262.91	2.48	-6.65	276.70
2005～2006	-210.46	193.29	-204.18	270.22	0.12	15.60	64.60
2006～2007	-321.91	137.34	-208.36	286.22	-0.87	14.59	-93.00
2007～2008	-228.43	-107.01	-53.51	225.36	-1.26	16.39	-148.45
2008～2009	-320.02	318.01	-341.38	204.49	-1.52	14.72	-125.70
2009～2010	-162.06	17.60	-92.64	222.42	0.14	13.19	-1.35
2010～2011	-134.91	155.22	-95.79	219.22	-0.34	9.48	152.89
2011～2012	-101.67	30.79	-237.85	192.80	-0.45	10.86	-105.52
2003～2012	-1588.60	991.92	-1489.97	2108.75	-1.98	100.06	120.18

注：*事实上中国人口近些年一直处于平稳增长状态，2004～2005 年的人口效应应当为正值，但其之所以为负，原因在于 2005 年的分地区人口数是根据 1% 人口抽样调查并充分考虑了流动人口的数据，部分地区人口数与 2004 年不能直接进行对比，最终使得 30 个省份 2004 年的总人口为 128746 万人，而 2005 年的总人口却为 128324 万人。另外值得说明的是，2003～2012 年各分解因素效应值是由各年度间的分解因素效应值累计加总得到，而本文余下实证部分中 2003～2012 年间各分解因素效应值是基于 2003 年和 2012 年两年的相关数据计算得到并非累计加总值，故导致前后分解因素效应值有所差异。

样本期间，中国工业SO_2排放量累计上升120.18万吨，其中，环境规制效应和产业结构效应分别累计达到-1588.60万吨和-1489.97万吨，绝对值占总效应的比重分别为1321.85%和1239.78%，这充分表明环境规制和产业结构调整对工业SO_2排放量的上升均产生了十分明显的抑制作用，但环境规制的贡献要更为显著。另外，2003~2012年间，人口流动效应对工业SO_2排放量的上升也发挥了抑制作用，但这种抑制作用较为微弱，因其累计值只有-1.98万吨，绝对值占总效应的比重也仅有1.65%。经济发达效应和技术进步效应累计达到2108.75万吨和991.92万吨，占总效应的比重分别为1754.66%和825.36%，由此说明经济增长、清洁生产技术落后与创新不足是导致工业SO_2排放量上升的主要推动因素。人口效应累计达到100.06万吨，占总效应的比重为83.26%，也是促进工业SO_2排放量上升的推动因素，但其影响程度相比于经济发达效应和技术进步效应要小得多。

2003~2012年期间，总效应即工业SO_2排放量的变化具有明显的阶段特征，2007年之前总效应均为正值，2007~2010年总效应变为负值，2011年总效应又变为正值，到2012年总效应又变为负值，这一系列的变化充分说明中国工业SO_2排放量呈现出波动递减的趋势。环境规制效应和产业结构效应始终为负值，两种因素在对工业SO_2排放量发挥抑制作用的过程中交替扮演主导角色，均十分显著地促进了中国工业SO_2排放量的下降。经济发达效应始终是工业SO_2排放量上升的推动力量，但在2007年之后有所下降，主要是因为这一阶段的省份平均经济增长率有所下降。除2007~2008年外，技术进步效应均为正值，说明样本期内生产过程中使用的清洁生产技术较为落后与创新不足，没能有效发挥生产技术进步对工业SO_2排放量增加的抑制作用。人口效应也是导致中国工业SO_2排放量上升的推动因素，因为中国人口正处于平稳增长阶段。人口流动效应在各年度间整体表现出一种正负交替现象，但无论是对工业SO_2排放量增加的抑制还是促进作用，其影响程度均较为微弱。

（二）分解因素效应的区域差异

1. 省际差异

2003~2012年各省份工业SO_2排放量变化的分解因素效应如表2和图1、图2所示。从表2中可以看出，整个考察期内，省际工业SO_2排放量的变化存在明显差异，标准差为18.51万吨。新疆、辽宁、贵州等20个省份的工业SO_2排放量有所增加，增加最多的省份是新疆，达到48.14万吨；广西、广东、四川等10个省份的工业SO_2排放量出现下降，下降最多的省份是广西，达到35.88万吨。

表2 2003～2012年各省份工业SO_2排放变化的分解因素效应

省份	环境规制效应	技术进步效应	产业结构效应	经济发达效应	人口流动效应	人口效应	总效应
北京	-6.69	0.94	-7.56	4.90	2.52	0.42	-5.47
天津	-19.80	16.53	-27.49	21.83	6.34	1.11	-1.47
河北	-96.85	56.01	-76.38	112.62	2.90	6.09	4.38
山西	-99.89	54.55	-51.88	103.80	3.98	5.56	16.13
内蒙古	-125.86	88.07	-124.94	168.03	-0.88	5.95	10.37
辽宁	-8.47	12.65	-57.26	83.94	-0.67	3.98	34.18
吉林	-6.38	16.57	-24.34	30.10	-0.87	1.31	16.39
黑龙江	-10.83	-0.72	-11.02	33.59	-1.52	1.69	11.20
上海	-21.84	8.01	-21.43	15.58	6.20	1.25	-12.22
江苏	-117.90	71.93	-93.94	111.60	1.07	5.33	-21.92
浙江	-57.06	34.03	-51.06	56.54	4.61	3.29	-9.64
安徽	-28.07	20.07	-33.52	49.22	-3.44	2.19	6.44
福建	-26.87	30.70	-33.11	33.02	0.57	1.61	5.93
江西	-23.49	14.58	-25.79	48.01	0.33	2.34	15.98
山东	-133.17	89.14	-124.53	159.75	1.47	7.71	0.37
河南	-75.47	52.82	-63.48	111.71	-7.83	5.06	22.82
湖北	-43.97	28.40	-44.25	59.51	-1.84	2.73	0.58
湖南	-33.98	0.58	-44.35	70.17	-3.39	3.16	-7.80
广东	-97.24	59.12	-83.32	78.01	10.61	4.53	-28.28
广西	-58.02	-7.52	-40.71	72.70	-5.50	3.17	-35.88
海南	-2.91	3.58	-2.43	2.58	0.11	0.14	1.06
重庆	-29.86	8.59	-56.33	64.49	-0.03	2.80	-10.34
四川	-67.96	14.14	-76.16	105.45	-5.71	4.58	-25.66
贵州	-66.15	64.09	-46.95	82.99	-10.78	3.48	26.68
云南	-20.53	29.68	-34.06	46.02	0.62	2.46	24.19
陕西	-60.77	36.06	-48.97	81.75	-1.97	3.49	9.60
甘肃	-43.65	22.78	-20.72	44.75	-1.56	2.30	3.88
青海	-4.71	8.82	-5.39	8.54	0.17	0.42	7.86
宁夏	-34.93	32.89	-18.03	29.20	1.88	1.59	12.60
新疆	-23.86	37.33	-4.68	33.33	3.93	2.10	48.14

图 1 显示了 30 个省份的环境规制效应，从中可以看出，30 个省份的环境规制效应均为负值，说明环境规制的实施产生了明显的污染减排效果，有效抑制了工业 SO_2 排放量的增加。但是，环境规制效应的抑制作用在省际间存在较大差异性，环境规制效应最大的省份是山东，达到 -133.17 万吨，最小的省份是海南，仅为 -2.91 万吨，标准差为 38.42 万吨，表明各省份实施环境规制的效果差异较为明显。

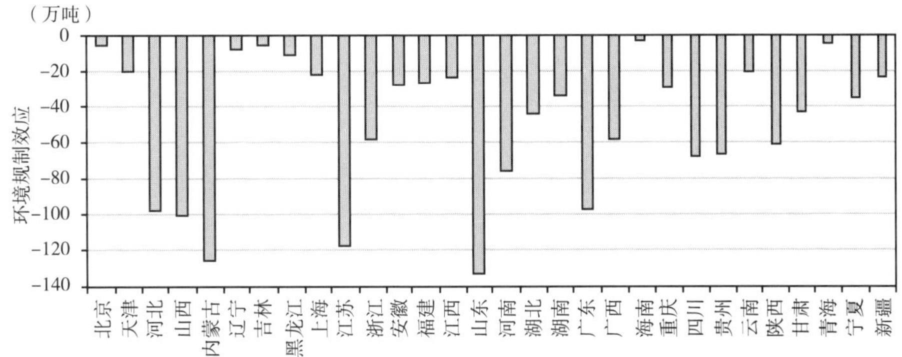

图 1 2003～2012 年各省份工业 SO_2 排放变化的环境规制效应

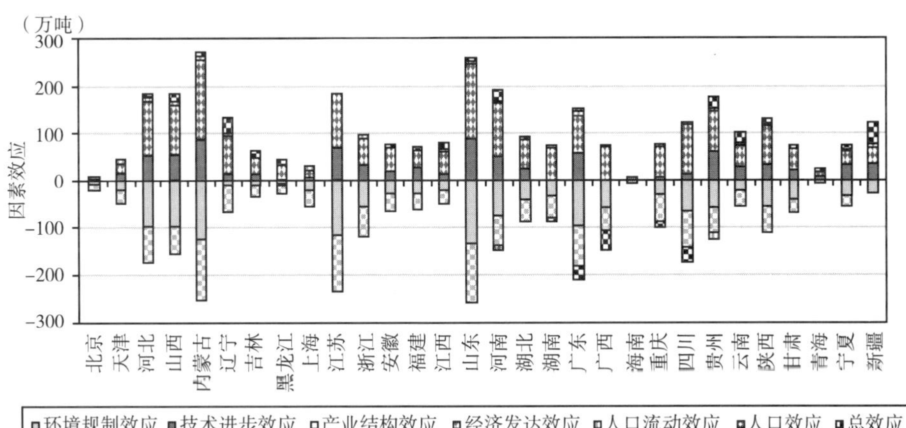

图 2 2003～2012 年各省份工业 SO_2 排放变化的分解因素效应

各个省份中只有黑龙江和广西两省的技术进步效应为负值，其余各省份均为正值，说明除黑龙江和广西以外的省份用于降低工业 SO_2 产生率的清洁生产技术水平有待进一步提高，绝大多数省份的清洁生产技术水平还不足以抑制工业 SO_2 排放量的增加。

所有省份的产业结构效应均为负值，说明产业结构调整对工业 SO_2 排放量的下降产生了正向作用。产业结构效应的标准差为32.28万吨，绝对值最大的是内蒙古，为124.94万吨，绝对值最小的是海南，为2.43万吨，最大值是最小值的51倍，可见，省际间产业结构调整对工业SO_2排放量下降的促进作用也存在较大差异。

各个省份的经济发达效应和人口效应均为正值，说明经济增长和人口规模的扩大都是工业SO_2排放量增加的推动因素。另外，各个省份的人口效应都要小于经济发达效应，说明人口规模的扩大对工业SO_2排放量增加的促进作用小于经济增长。相比于人口效应的标准差1.88万吨，经济发达效应的标准差达到42.54万吨，足以见得，经济发达效应的省际差异要远远大于人口效应。

广东、天津、上海等16个省份的人口流动效应为正值，说明这些地区是人口的流入地，对工业SO_2排放量的增加产生了正向的推动作用。贵州、河南、四川等14个省份的人口流动效应为负值，说明这些地区是人口流出地，对工业SO_2排放量的增加具有负向的抑制作用。从表2和图2中可以看出，人口流入地多位于东部地区，经济较为发达，工业经济发展水平较高，人口的大量流入会促进流入地的经济发展，由此引致的经济发达效应势必会导致工业SO_2排放量的增加。需要说明的是新疆的人口流动效应为正值，其原因主要在于新疆丰富的土地资源、棉花生产以及同中亚国家繁荣的边境贸易，吸引了大量中、西部贫困人口的迁入。人口流出地多位于中、西部地区，人口流出导致对工业产品的需求减少，进而有利于降低工业SO_2排放。

2. 东、中、西部地区差异

表3和图3列示的是中国东、中、西部地区工业SO_2排放变化的影响因素分解结果。从中可以看出，2003～2012年期间东部地区的工业SO_2排放量减少了33.08万吨，而中、西部地区分别增加了81.72万吨和71.45万吨，由此可见，全国工业SO_2排放的增加是由中、西部地区引起。

表3　2003～2012年东、中、西部地区工业SO_2排放变化的分解因素效应

单位：万吨

地区	环境规制效应	技术进步效应	产业结构效应	经济发达效应	人口流动效应	人口效应	总效应
东部	-588.79	382.65	-578.52	680.37	35.74	35.47	-33.08
中部	-322.08	186.84	-298.62	506.12	-14.58	24.04	81.72
西部	-536.31	334.94	-476.94	737.25	-19.84	32.34	71.45

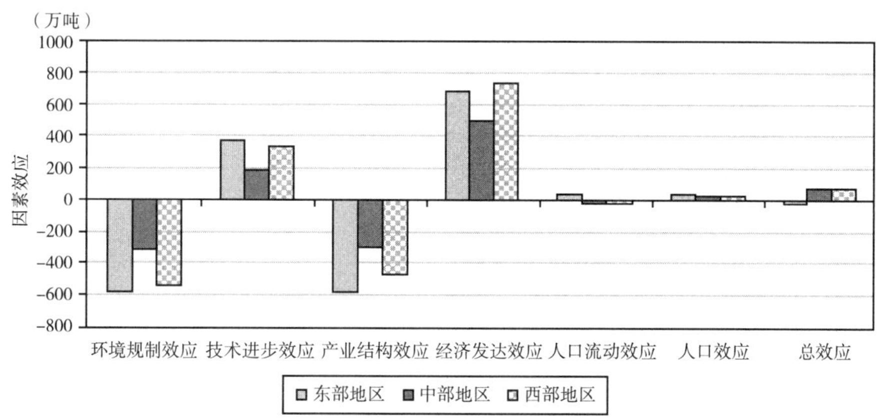

图3　2003～2012 年东、中、西部地区工业 SO_2 排放变化的分解因素效应

三个地区的环境规制效应和产业结构效应均为负值，说明环境规制和产业结构调整对东、中、西部地区工业 SO_2 排放的增加均产生了十分显著的抑制作用。在经济发展逐步进入新常态和资源环境压力日益趋紧的大背景下，环境规制的实施、产业结构的调整以及环境规制对产业结构调整的倒逼作用产生了显著的污染减排效果。此外，三个地区环境规制效应的绝对值都大于产业结构效应，表明环境规制对工业 SO_2 排放量下降的正向作用强于产业结构调整。

经济发达效应对三个地区工业 SO_2 排放量的上升产生了决定性影响，就三个地区的整体表现看，西部最大，东部次之，中部最小，这与西部地区较低的初始经济发展水平和较大的经济增长潜力有关。同时，随着西部大开发战略和国家对西部地区一系列扶持政策的深入实施，西部地区的经济增长速度明显快于中、东部地区。

三个地区的技术进步效应和人口效应都为正值，促进了工业 SO_2 排放量的上升，就三个地区的整体表现看，东部地区的技术进步效应和人口效应均最大，西部次之，中部最小，虽然对工业 SO_2 排放量上升的促进作用远弱于经济增长，但仍是不可忽视的影响因素。

东部地区的人口流动效应为正值，主要是因为人口占全国总人口的比重有所上升，是人口的流入地，如广东、天津和上海等；中、西部地区的人口流动效应为负值，主要是因为人口占全国总人口的比重有所下降，是人口的流出地，如贵州、河南和广西等。

四、进一步研究

为了考虑工业 SO_2 排放强度变化对工业 SO_2 排放的影响，本文对式（1）稍做调整，将式（1）中 W_i/C_i 与 C_i/I_i 合并得到 W_i/I_i 即：

$$W = \sum_i W_i = \sum_i \frac{W_i}{I_i} \times \frac{I_i}{Y_i} \times \frac{Y_i}{P_i} \times \frac{P_i}{P} \times P \tag{15}$$

式（15）中，W_i/I_i 表示工业 SO_2 排放强度，因此工业 SO_2 排放影响因素的加法分解模型可表述如式（16）所示，式（17）表示排放强度效应，产业结构效应、经济发达效应、人口流动效应和人口效应与前文释义相同，这里不再赘述。

$$D = D_{WINT} + D_{IEF} + D_{YEF} + D_{SP} + D_P \tag{16}$$

$$D_{WINT} = \sum_i \frac{W_i^t - W_i^{t-1}}{\ln W_i^t - \ln W_i^{t-1}} \ln \frac{WINT_i^t}{WINT_i^{t-1}} \tag{17}$$

式（17）中，D_{WINT}表示工业 SO_2 排放强度效应，即单位工业增加值所产生的 SO_2 排放量的变化对工业 SO_2 排放产生的影响，利用式（15）至式（17）可计算得到工业 SO_2 排放强度效应，根据式（4）和式（5），排放强度效应可进一步细分为环境规制效应和技术进步效应，如图 4 所示。

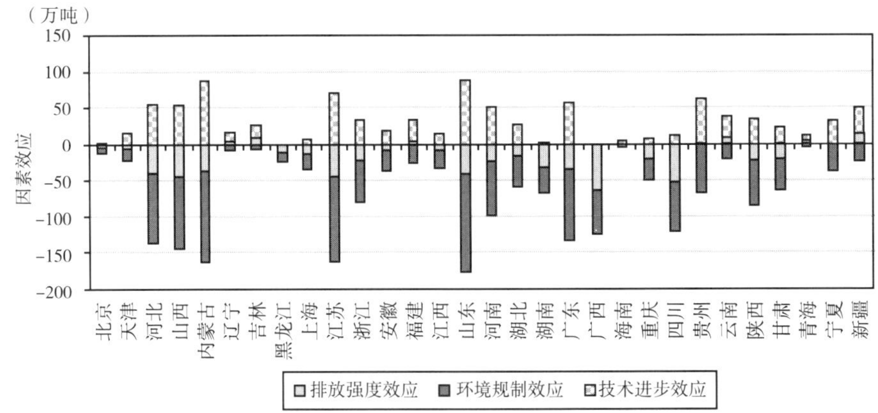

图 4　2003～2012 年各省份工业 SO_2 排放变化的排放强度效应

2003～2012 年间，30 个省份的排放强度效应为 -542.75 万吨，对工业 SO_2 排放量的下降产生了较为明显的正向影响。具体来看，样本期内的环境规制效应为 -1447.18 万吨，技术进步效应为 904.43 万吨，不难看出，排放强度效应之所以能够对工业 SO_2 排放量的减少起到正向作用，环境规制效应的发挥产生了决定性作用。

所有省份中，除辽宁、吉林、福建、海南、云南、青海和新疆 7 个省份的排放强度效应为正值外，其余省份的排放强度效应均为负值，说明我国工业 SO_2 排放强度普遍下降，但省际间存在较大差异，标准差达到 21.07 万吨。辽宁、吉林和福建等 7 个省份排放强度未出现下降的主要原因在于清洁生产技术落后与创新不足对工业 SO_2 排放强度的促进作用（技术进步效应）大于环境规制的抑制作用（环境规制效应），其余省份的情况则与其相反。

五、结论与政策建议

本文利用考虑环境规制的 LMDI 方法分解分析了 2003 ~ 2012 年我国工业 SO_2 排放变化的影响因素，将其排放分解因素效应分解为环境规制效应、技术进步效应、产业结构效应、经济发达效应、人口流动效应和人口效应，并得到以下结论：

（1）从工业 SO_2 排放变化分解因素效应的时间差异看，环境规制实施、产业结构调整和人口跨区域流动对工业 SO_2 排放量的上升具有抑制作用，但环境规制实施和产业结构调整的贡献要更为显著；经济增长是导致工业 SO_2 排放量上升的主要推动力，清洁生产技术创新不足和人口规模扩大也促进了工业 SO_2 排放量的上升，却远远小于经济增长的作用；由于经济发达效应、技术进步效应和人口效应对工业 SO_2 排放量上升的促进作用完全抵消了环境规制效应、产业结构效应和人口流动效应对工业 SO_2 排放量上升的抑制作用，最终导致全国工业 SO_2 排放量在样本期内上升 120.18 万吨。

（2）从工业 SO_2 排放变化分解因素效应的省际差异看，各省份的分解因素效应差异较为明显，说明考虑区域异质性对工业 SO_2 排放量变化影响的必要性；所有省份的环境规制效应均不同程度抑制了工业 SO_2 排放量的上升，其中山东的环境规制效应最为明显，海南最差；除黑龙江和广西两省的技术进步效应为负值外，其余各省份均为正值，表明绝大多数省份现有的清洁生产技术水平较为落后和创新不足，还难以抑制工业 SO_2 排放量的增加；所有省份的产业结构效应均有利于工业 SO_2 排放量的下降，但省际间差异明显，表现最好的是内蒙古，表现稍差的是海南；各省份的经济增长和人口增长均是工业 SO_2 排放量增加的推动因素，由于人口效应的标准差为 1.88 万吨，经济发达效应的标准差为 42.54 万吨，经济发达效应的省际差异要远远大于人口效应；广东、天津、上海等16个省份的人口流动效应为正值，对工业SO_2排放量的增加产生了正向的推动作用，而贵州、河南、四川等14个省份的人口流动效应为负值，对工业SO_2排放量的增加具有负向的抑制作用。

（3）从工业SO_2排放变化分解因素效应的东、中、西部地区差异看，东部地区工业SO_2排放控制总体上好于中、西部地区；三个地区的环境规制和产业结构调整是工业SO_2排放量下降的主要推动因素，相比于产业结构调整，环境规制的正向促进作用要更为明显；经济发达效应对三个地区工业SO_2排放量的上升产生了决定性影响，其中，西部最大，东部次之，中部最小；技术进步效应和人口效应也不同程度地导致了工业SO_2排放量的上升，其中东部最大，西部次之，中部最小，虽然相比于经济增长，此两种效应的作用较弱，但仍是不可忽视的因素；东部地区是人口流入地，促进了工业SO_2排放量的增加，中西部地区是人口的流出地，促进了工业SO_2排放量的减少。

（4）进一步研究分析工业SO_2排放强度对工业SO_2排放变化的影响，工业SO_2排放强度的下降促进了工业SO_2排放的下降，其中，环境规制效应的发挥产生了决定性作用。

基于上述结论，本文提出如下政策建议：（1）由于环境规制是抑制工业SO_2排放上升的主要影响因素，因此，各省份应进一步完善和健全环境规制相关法律法规，充分利用行政化、市场化和自愿性等多种环境规制手段因地制宜地实施环境规制；（2）产业结构调整抑制工业SO_2排放增加的作用仅次于环境规制，所以需要进一步调整优化产业结构和工业内部结构，适度限制“两高一剩”行业的发展，大力发展低能耗和低排放行业；（3）工业生产环节的清洁生产技术落后和创新不足是导致工业SO_2排放上升的重要因素，各省份应当加强对生产工艺流程优化和技术创新的鼓励和支持，不断提高工业SO_2减排技术和管理水平；（4）人口流动是导致人口分布变化的重要原因，人口流动可以显著促进中西部省份工业SO_2排放的下降，因此需要进一步贯彻落实国务院于2014年发布的《关于进一步推进户籍制度改革的意见》，合理有序引导人口的跨区域流动。

参考文献

[1] 白永亮，郭珊，孙涵．大气污染的空间关联与区域间防控协作——基于全国288个地市工业SO_2污染数据的空间统计分析［J］．中国地质大学学报（社会科学版），2016（3）：63－72.

[2] 程钰，徐成龙，任建兰，刘雷．山东省工业结构演变的大气环境效应研究［J］．中国人口·资源与环境，2014，24（1）：157－162.

[3] 杜威．基于LMDI分解模型的中国居民生活间接碳排放特征分析［J］．中国人口·资源与环境，2016（2）：5－9.

[4] 郭国庆，钱明辉，张平淡．我国工业二氧化硫污染排放强度的因素分解［J］．中国软科学，2013（12）：138－147.

[5] 黄勤，何晴．长江经济带碳排放驱动因素及其空间特征——基于LMDI模型［J］．财经科学，2017（5）：80－92.

[6] 孔立，朱立志．马铃薯生产的碳排放优势研究——基于农业投入品和LMDI模型的实证分析［J］．农业技术经济，2016（7）：111－121.

[7] 李瑞萍，王高尚，王安建，骆建华，耿诺．典型工业化国家 SO_2 排放影响因素分析及其对中国的启示［J］．地球学报，2010，31（5）：749－758.

[8] 刘晨跃，徐盈之，孙文远．中国三次产业生产用水消耗的时空演绎分解——基于LM-DI-I模型的经验分析［J］．当代经济科学，2017，39（2）：95－108.

[9] 刘满芝，杨继贤，马丁，丁志华．基于LMDI模型的中国主要大气污染物的空间差异及其影响因素分析［J］．资源科学，2015，37（2）：333－341.

[10] 刘玉香．SO_2 的危害及其流行病学与毒理学研究［J］．生态毒理学报，2007，2（2）：225－231.

[11] 马丽，张博，杨宇．东北地区产业发展与工业 SO_2 排放的时空耦合效应［J］．地理科学，2016，36（9）：1310－1319.

[12] 汪克亮，孟祥瑞，杨宝臣，程云鹤．基于环境压力的长江经济带工业生态效率研究［J］．资源科学，2015，37（7）：1491－1501.

[13] 王菲，董锁成，毛琦梁，黄永斌，李俊．宁蒙沿黄地带产业结构的环境污染特征演变分析［J］．资源科学，2014，36（3）：620－631.

[14] 夏艳清．我国工业能源消费及污染排放演变机理研究［J］．软科学，2011，25（10）：59－64.

[15] 夏勇，胡雅蓓．经济增长与环境污染脱钩的因果链分解及内外部成因研究——来自中国30个省份的工业 SO_2 排放数据［J］．产业经济研究，2017（5）：100－113.

[16] 夏勇，钟茂初．环境规制能促进经济增长与环境污染脱钩吗？——基于中国271个地级城市的工业 SO_2 排放数据的实证分析［J］．商业经济与管理，2016（11）：69－78.

[17] 杨红娟，李明云，刘红琴．云南省生产部门碳排放影响因素分析——基于LMDI模型［J］．经济问题，2014（2）：125－128.

[18] 杨冕，杨君甜．中国制造业二氧化硫排放驱动因素分解研究［J］．华东经济管理，2017，31（2）：113－117.

[19] 张陈俊，章恒全，龚雅云．中国结构升级、技术进步与水资源消耗——基于改进的

LMDI 方法 [J]. 资源科学, 2014, 36 (10): 1993 - 2002.

[20] 章渊, 吴凤平. 基于 LMDI 方法我国工业废水排放分解因素效应考察 [J]. 产业经济研究, 2015 (6): 99 - 110.

[21] Ang B. W. Decomposition Analysis for Policy Making in Energy: Which is the Preferred Method? [J]. Energy Policy, 2004, 32 (9): 1131 - 1139.

[22] Dhakal S., Kaneko S., Imura H. CO_2 Emissions from Energy Use in East Asian Mega-Cities: Driving Factors and Their Contributions [J]. Doboku Gakkai Ronbunshuu G, 2010 (31): 209 - 216.

[23] Duarte R., Sánchez-Chóliz J., Bielsa J. Water Use in the Spanish Economy: An Input-output Approach [J]. Ecological Economics, 2002, 43 (1): 71 - 86.

[24] Fujii H., Managi S., Kaneko S. Decomposition Analysis of Air Pollution Abatement in China: Empirical Study for Ten Industrial Sectors from 1998 to 2009 [J]. Journal of Cleaner Production, 2013, 59 (18): 22 - 31.

[25] Greening L. A, Ting M., Krackler T. J. Effects of Changes in Residential End-Uses and Behavior on Aggregate Carbon Intensity: Comparison of 10 OECD Countries for the Period 1970 Through 1993 [J]. Energy Economics, 2001, 23 (2): 153 - 178.

[26] Hassan R. M. Economy-Wide Benefits from Water-Intensive Industries in South Africa: Quasi-Input-Output Analysis of the Contribution of Irrigation Agriculture and Cultivated Plantations in the Crocodile River Catchment [J]. Development Southern Africa, 2003, 20 (2): 171 - 195.

[27] Ma C. A Multi-Fuel, Multi-Sector and Multi-Region Approach to Index Decomposition: An Application to China's Energy Consumption 1995 - 2010 [J]. Energy Economics, 2014 (42): 9 - 16.

[28] Sachidananada M., Rahimifard S. Reduction of Water Consumption within Manufacturing Applications [J]. Leveraging Technology for a Sustainable World, 2012 (16): 455 - 460.

[29] Sato K. The Ideal Log-Change Index Number [J]. Review of Economics & Statistics, 1976, 58 (2): 223 - 228.

[30] Shrestha R. M., Timilsina G. R. Factors Affecting CO_2, Intensities of Power Sector in Asia: A Divisia Decomposition Analysis [J]. Energy Economics, 1996, 18 (4): 283 - 293.

[31] Stern D. I. Explaining Changes in Global Sulfur Emissions: An Econometric Decomposition Approach [J]. Ecological Economics, 2002, 42 (1): 201 - 220.

[32] Tapio P. Towards a Theory of Decoupling: Degrees of Decoupling in the EU and the Case of Road Traffic in Finland Between 1970 and 2001 [J]. Transport Policy, 2005, 12 (2): 137 - 151.

[33] Vehmas J., Kaivo-Oja J., Luukkanen J. Global Trends of Linking Environmental Stress and Economic Growth [R]. Finland: Turku School of Economics and Business Administration, 2003.

金融监管与中国上市公司分红决策行为

——基于半强制分红激励政策的实证研究

邓芳芳*

摘　要　分红与否是上市公司的重要决策，不仅关系到投资者的切身利益，而且对整个证券市场的发展都具有重要的影响。本文以半强制分红政策作为金融监管的代理变量，实证分析金融监管对上市公司分红行为的动态影响，即前后期分红行为的相依关系。这种相依关系既可能来源于上市公司本身的分红决策之间存在的状态依存关系，即相邻两期的相关性，也可能归因于上市公司的个体异质性，即那些偏好分红的公司可能倾向于一直分红。现有相关文献中很少看到结合分红行为动态特征和异质性的研究，更重要的是若在研究中不考虑以上两个引起动态关系的因素，实证结果可能会存在较大的偏差，无法解释上市公司内在的分红机制及其影响因素。基于上述理由，本文提出动态面板随机效应 probit 模型来研究我国上市公司分红行为。通过对 2003～2010 年间我国沪深 A 股上市公司的面板数据进行实证研究，我们验证了我国上市公司的分红行为确实存在显著的状态依存关系与个体异质性，随后在这一实证框架下对样本期间我国证监会颁布的半强制分红政策的有效性进行了分析。本文研究对于实施金融监管政策、防控金融风险具有一定的理论支撑和政策内涵。

关键词　分红　金融监管　半强制分红政策　动态面板随机效应 probit 模型

* ［作者简介］邓芳芳，浙江水利水电学院基础部讲师，310018。

一、引言

上市公司分红行为一直是困扰学术界和公司财务部门的一个谜团（Black，1976；应展宇，2004）。在我国，一方面税法规定，如果要分派现金红利，公司要代扣一定的个人所得税，这意味着财产的无辜损失，所以此时公司会倾向于把利润留下来进行再投资，而不是把利润通过分红的形式派发出去。过高的税赋和不必要的相关支出确实让上市公司没有较高的分红意愿。然而另一方面，投资者获得的分红收益来源于上市公司的净利润，分红可以向股民传递公司盈利的信息，吸引更多的投资。实际上公司的分红行为对投资者是一个信号，对公司的价值及市场形象具有巨大的影响，分红是对长期投资者的一种鼓励和奖励，体现了上市公司的诚信和责任感，也体现了公司较好的财务驾驭能力。另外，在我国半强制分红体系①下，公司要想融资必须先分红，因而在这样的背景下，公司又可能倾向于分红。一般说来，与投机性较强的新兴市场相比，在美国这样的成熟资本市场，投资者进入股市的主要目的之一就是为了获取红利，这是因为投资者持有股票得到的分红收益往往要高于银行的利息回报，股市越跌反而越有投资者愿意去购买，在某种意义上股票已经成为他们储蓄的另一种形式。正是由于这种资金持续地进入股市，才使得股市得以保持稳定和发展，即使在次贷危机时也表现得较为稳定。中国的情况则有所不同，上市公司分红比例不高，这使股民在股票市场中的主要目的不是为了获取红利，而是通过股票的波动来赚取差价，具有较强的投机性。其表现特征是：股价的剧烈波动，股市没有长期平稳的向上发展趋势，特别是2008年以后股市长期低迷，与我国宏观经济面极不相称，也给广大投资者带来了很大的损失，长期下去也会给金融系统带来很大的风险。因而，如何通过上市公司的分红而不仅仅通过股票的波动来使得投资者获利对我国证券业的发展至关重要。特别是在当前国际、国内经济发展面临诸多困难的形势下，上市公司稳定的分红制度不仅对投资者有益，也对金融乃至经济的稳定发展具有重要的作用。基于这样的背景，本文将围绕我国上市公司的分红行为展开深入研究，希望能够揭示上市公司分红行为背后的一些机制和可能的影响因素。

---

① 李常青等（2010）将中国证监会关于上市公司再融资资格与股利分配水平相挂钩的政策法规定义为“半强制分红政策”。在这一政策下，不满足股利分配要求的上市公司将不能进行再融资。

关于上市公司分红行为的研究最早可以追溯到 Lintner（1956）的开创性研究。该研究通过提出上市公司分红行为的一个理论模型来分析分红行为的影响因素，自此国外陆续出现从不同角度研究分红行为的一系列文献。综合来看主要有两大类；一类文献是讨论分红行为与二级市场和股民反应之间的关系。例如，Adams 和 Amyx（2004）围绕分红变化的市场反应与过去利润变化的统计关系来分析股民是否会将分红的变化作为上一期利润变化的一个信号，研究发现股民会借助分红的变化来推断公司过去利润的变化。Shlomo 等（1997）以美国上市公司为样本研究当期分红与未来利润的关系时发现，当期分红增加时，上一期与当期的利润都有显著的增加，而这对将来利润的增加并无预示作用。他们的研究进一步发现与那些分红方案未变的公司相比，增加分红的公司在将来一期利润下降的可能性较小，因此他们认为当期利润的增加具有一个持续的效应，但并未讨论这个持续效应的由来。另一类文献主要是讨论分红行为与公司特征、经营状况的关系。例如，David 和 Logor（2008）采用美国、加拿大、英国、德国、法国和日本这 6 个不同国家 1994 ~ 2002 年的上市公司数据来研究公司分红的原因时发现，那些规模较大、利润较高和留存收益占总资产比重较高的公司较其他公司分红的可能性更大。再如，Famaand French（2001）在研究美国 1978 ~ 1999 年间上市公司分红比例减少的原因时指出，影响分红决定的主要因素有利润、投资机会和公司规模。Harry 等（2006）用 2000 年以后的样本对美国上市公司数据进行分析，与以往的研究不同，他们发现了上市公司分红行为呈现金融生命周期现象，即在公司发展早期，公司拥有较多的投资机会，由于投资需求超过了内部资本积累，因而要通过保留财富来进行再投资，所以此时上市公司倾向于不分红或者尽量少分红，当公司发展成熟时，一般都具有较高的利润和财富，此时内部资本积累超过了投资需求，为了避免大量的自由现金被浪费，公司的最优选择是进行分红。在国内，一些学者沿用国外文献的思路对我国的上市公司的分红行为进行了相关的讨论。如邓建平和曾勇（2005）使用 logit 模型研究了上市公司家族控制与分红决策的关系，结果发现家族控制的上市公司现金流量权越高越倾向于分红。邓建平等（2007）发现改制模式是影响控股股东是否选择股利共享的主要因素，非完整改造公司的控股股东直接占用上市公司资金的激励较强，从而公司支付的股利水平较低。宋福铁和梁新颖（2010）立足企业生命周期理论，用留存收益股权比作为企业生命周期的代理变量，考察其对我国上市公司是否支付股利的影响情况，他们发现我国上市公司是否支付现金股利也呈现出生命周期特性，且具有很强的连贯性。权小峰等（2010）以2004～2008年沪深A股上市公司为研究样本，从行业层面出发，考察行业的因素对上市公司现金股利政策的影响，发现行业竞争程度、行业自信水平对企业的股利支付意愿和支付水平产生负向影响。

现有的研究对我们了解上市公司分红行为与市场环境以及公司的财务结构等之间的关系是非常有意义的。然而，已有文献的研究基本是用静态的分析方法来讨论问题，有些文献（Shlomo et al.，1997；Harry et al.，2006；宋福铁和梁新颖，2010）尽管发现了分红行为的连贯性，但在研究设定中并未充分考虑到上市公司的分红行为中可能存在的状态依存关系与公司未观察到的个体异质性对分红的影响，而忽略这些因素可能无法全面刻画上市公司的分红行为，无法揭示其真正的内在关系。具体说来，在控制了文献中常见的影响分红的因素外，我们往往可以看到上市公司分红的关联行为（即上期分红的公司当期分红的可能性比较大），这就说明上市公司的分红行为可能存在相依关系。这种相关关系可能来源于两个方面：（1）公司的不可观察的因素，比如公司的决策层偏好发放红利，会影响公司的分红决策，在一定程度上造成公司出现连续分红的现象，而这些影响因素在公司的财务指标中是无法体现的。（2）在控制了公司不可观察的异质性后，分红行为的本身可能存在的状态相依关系，即所谓的连贯性。如何在研究中考虑以上因素，是对现有研究的拓展，会对上市公司的分红行为有一个更深刻的了解。现有文献在这方面的讨论较少，而且以上两种情况对投资者的指导意义有所不同。例如，在第二种情况下，除了盈利情况和财务结构等指标外，投资者可以对那些上期分红的公司多加关注并进行投资；而如果只有第一种情况出现，投资者需要查看公司的相关信息，比如看公司近期有无更换CEO的计划等。现有文献的不足驱使我们在更一般的框架下讨论分红行为的影响因素，与以往文献不同的是：在研究中我们考虑到个体异质性问题（即上市公司的未观察个体特征）和分红的动态特征。

另外，到目前为止，融资功能可以说是我国股市的最主要功能，这使得"重融资、轻回报"成为许多上市公司的普遍现象（宋福铁和梁新颖，2010）。从管理层对股市的发展思路来看，为了完善公司的治理和保护投资者利益，证监会积极鼓励上市公司对投资者进行现金分红，让其分享公司盈利的果实，以此改变一直以来中国股市太偏重融资功能的特征。为此，我国证监会从2001年起将上市公司再融资资格与股利分配水平相挂钩，规定不满足股利分配要求的上市公司将不允许其进行再融资。此后还陆续出台了一系列相关的分红政策，关于这些半强制性分红激励政策的效果分析近几年也开始逐步引发学者的关注（权小峰等，2010；李常青等，2010）。李常青等（2010）以2008年10月9日中国证监会颁布的《关于修改上市公司现金分红若干规定的决定》为研究背景，考察中国特殊的半强制分红政策的市场反应。该文认为投资者对于半强制分红政策呈现出“预期—失望”的反应过程，计划再融资、高成长低自由现金流、高竞争低自由现金流的上市公司市场反应显著较差，这显示出半强制分红政策对有再融资需求或者潜在再融资需求的成长型以及竞争行业的上市公司带来了一定的负面作用。但他们的研究没有考虑现金分红规定本身对上市公司分红行为的影响。众所周知，管理层出台政策的目的是促使上市公司进行更多的分红来回报投资者，这些政策的实际效果如何在现有文献中几乎没有相关的讨论。在本研究中我们不仅考虑2008年颁布的半强制分红政策，同时也考虑了2006年所颁布的相关政策，并分析了这些政策给上市公司的分红行为带来的影响。

综上，虽然许多文献从不同的侧面分析了分红的相关影响因素，但对分红行为的动态特征的相关讨论并不多见，很少有文献研究这种连续分红现象背后的机制。针对已有文献中所存在的不足，本文提出了较为完善的研究模型，除了充分考虑上市公司分红行为中可能存在的状态依存关系，同时还特别考虑了个体异质性对连续分红现象的影响。本文的另一个亮点是，在我们提出的较为完善的实证框架下重点对样本期间我国颁布的一些分红激励政策的效果做了相应的评价。

本文其余部分安排如下：第二部分详细分析了上市公司分红行为的内在机制，并介绍了与实证研究相关的计量模型；第三部分介绍数据来源，选取影响上市公司分红决策的解释变量，并进行描述性统计分析；在第四部分实证分析中我们验证了我国上市公司分红行为的动态特征和异质性，并考察了我国半强制分红激励政策的效果；第五部分是本文的结论和政策建议。

二、分红行为的动态特征和相关计量模型的描述

本文主要围绕我国上市公司分红行为的动态特征展开，探讨连续分红行为背后的一些影响机制。根据上文的分析，上市公司连续分红的现象可能同时受到分红行为本身存在的状态依存关系和公司个体异质性两方面的影响，将这两种因素加以考虑无论对于管理层还是投资者都具有实际的指导意义。为了较好地解决这个问题，我们引入0－1型变量y_{it}代表第$i(i=1,\cdots,n)$个企

业第 $t(t=1,\cdots,T)$ 期是否分红的决策结果，若分红取值 1，否则取值为 0；x_{it} 是影响公司分红决策的一些其他因素；μ_i 为上市公司的个体异质性；分红行为的动态特征体现在 y_{it} 与 y_{it-1} 可能的相关关系。考虑到 y_{it} 的 0－1 型特征，我们建立动态面板数据模型进行研究，基本模型如下：

$$y_{it}=1\{\gamma y_{it-1}+x'_{it}\beta+\mu_i+\varepsilon_{it}>0\} \quad t\geqslant 2 \tag{1}$$

ε_{it} 则表示除了上述因素外的其他未观察到对是否分红有影响的因素，也称为扰动项；$1\{\cdot\}$ 是示性函数（indicator function），括号内表达式成立时取值为 1，否则取值为 0。

与传统的静态面板二项选择模型相比，式（1）多了 y_{it-1} 项，用于捕捉分红决策的状态依存关系。从式（1）可以看出，如果分红决策不存在状态依存关系，则意味着 $\gamma=0$，此时 x_{it} 的变动至多仅对当期的 y_{it} 产生影响；而如果存在状态依存关系，那么 $\gamma\neq 0$，此时 x_{it} 的变动可能会对 y_{it} 产生持续多期的影响。一旦我们忽略状态依存项，将有可能高估 β，这是因为 y_{it} 的变化不仅仅是当期的 x_{it} 带来的，也可能是第 t 期之前所有期的 $x_{is}(s\leqslant t)$ 共同带来的。而对于上市公司的个体特征对是否分红的影响由观察不到的 μ_i 来体现。式（1）的优点在于将分红的状态相依和公司的异质性相分离。

从上述模型来看，我们主要需要解决两个问题：第一，上市公司的个体异质性。我们知道上市公司数据为面板数据，与横截面数据相比最大的优点之一就是可以控制不可观测的个体异质性。如果不可观测的个体效应 μ_i 是式（1）中导致连续分红现象的一个重要因素的话，那么忽略该因素将会导致高估状态依存项的系数，从而使模型估计不一致，因而我们有必要充分重视上市公司个体异质性在其分红行为中的作用。我们知道个体效应一般分为固定效应和随机效应两种，其中固定效应假定解释变量与个体效应不相关，而随机效应假定解释变量与个体效应相关。由于我们这里采用的是非线性模型，因此无法通过线性模型中组内离差或一阶差分的方法来消掉个体效应。如果假定个体效应与解释变量相关，并且不对它们的相关形式作限制，那么 Chamberlain（1984）证明了只有在 ε_{it} 服从 Logistic 分布时，才能得到模型中参数的一致估计，同时他也提出了对传统随机效应 probit 模型的一种改进方法，即假定 $\mu_i=\bar{x}'_i\tau+\alpha_i$，并且 α_i 与解释变量和扰动项都独立而且 $\alpha_i\sim N(0,\sigma_\alpha^2)$。直观地讲，这一改进方法既保留了传统 probit 模型对随机误差项正态分布的基本假定，同时又容许了个体效应与回归变量可能存在的相关性（周亚虹等，2012）。此时我们得到任意两期间 $u_{it}=\alpha_i+\varepsilon_{it}$ 的相关性为一个常数：

$$\lambda = \mathrm{corr}(u_{it}, u_{is}) = \frac{\sigma_{\alpha}^{2}}{\sigma_{\alpha}^{2} + \sigma_{\varepsilon}^{2}} = \frac{\sigma_{\alpha}^{2}}{\sigma_{\alpha}^{2} + 1}$$

为了叙述方便，我们假定$\bar{x}_i$已经包含在x_{it}中。实证研究中，λ 是否显著异于零可以用来检验在控制了个体异质性后上市公司的分红行为是否动态相关。第二，初始条件的内生性。通常的方法是假定y_{i1}是外生给定的并且被看成是固定的（Heckman，1978，1981a，1981c），或者假定序列y_{it}的生成过程从y_{i1}开始就已经处于均衡状态（Card and Sullivan，1988），但是对于许多经济数据而言，这些假定几乎是不可能成立的。在我们所了解的相关文献中，使用面板数据时，一般都将y_{i1}当作外生给定的（Fama and MacBeth，1973），而 Heckman（1981b）提到y_{i1}外生的情况仅当扰动项u_{it}是序列不相关的时候才成立。事实上，由于个体异质性的存在，y_{i1}外生的假设几乎是不可能成立的，并且如果数据的生成过程比抽取的样本期早，模型的扰动项是序列相关的，那么y_{i1}就不可能是外生的，一旦将其当作外生变量来处理，就会导致参数估计的不一致（inconsistent）。Markstewart（2006）也提到将y_{i1}当作外生变量来处理会使得 γ 被高估。Heckman（1981b）提出用一个灵活的简化形式的方法来处理初始值y_{i1}的内生性问题，其假设：

$$y_{i1} = 1\{z'_{i1}\pi + \eta_i > 0\} \tag{2}$$

其中，z_{i1}是包含工具变量和外生变量x_{i1}的工具变量合集向量；η_i与α_i相关，而与ε_{it}（$t \geq 2$）不相关。我们可以假定：

$$\eta_i = \theta\alpha_i + \varepsilon_{i1}$$

这里α_i与ε_{i1}不相关，并且ε_{i1}与ε_{it}（$t \geq 2$）独立同分布。从上式我们看到 θ 可以用来检验初始条件的内生性。通过以上分析，我们得到本文所用的计量模型如下：

$$\begin{aligned} y_{i1} &= 1\{z'_{i1}\pi + \theta\alpha_i + \varepsilon_{i1} > 0\} \\ y_{it} &= 1\{\gamma y_{it-1} + x'_{it}\beta + \alpha_i + \varepsilon_{it} > 0\} \quad t \geq 2 \end{aligned} \tag{3}$$

此时（y_{i1}，y_{i2}，…，y_{iT}）的联合概率密度函数为：

$$\begin{aligned} f(y_{i1}, y_{i2}, \cdots, y_{iT}) = {} & \Phi[(z'_{i1}\pi + \theta\alpha_i)(2y_{i1} - 1)] \\ & \prod_{t=2}^{T}\Phi[(\gamma y_{it-1} + x'_{it}\beta + \alpha_i)(2y_{it} - 1)] \end{aligned} \tag{4}$$

我们可以采用 MLE 的方法对上述模型进行估计。

三、数据、变量和统计描述

为了考察上市公司的分红行为特征，本文选取2003~2010年沪深A股上市公司作为观测样本进行分析（$T=8$）[①]，所使用的样本数据来自“国泰安CSMAR系列研究数据库”和“中经网统计数据库”。为了下文研究的方便，我们对数据做出了一些筛选和处理。首先，为了避免受到上市公司进入和退出的影响，我们筛选出其中持续存活至少7年的公司；其次，对于那些起到杠杆作用（leverage effect）的异常值，我们将其当缺失值来处理并采用该变量的中位数进行补全。我们最后得到994家上市公司共8年的平衡面板数据，样本总数共有7952个。另外，为了避免价格因素的影响，文中我们以2003年为基准期，对一些名义的变量按照GDP指数进行了相应的调整。

本文的被解释变量是上市公司是否进行分红。与现有文献相似（应展宇，2004；李常青等，2010），解释变量主要选取了股东获利能力、公司规模、公司经营状况、投资机会。另外，为了讨论半强制分红政策的有效性，本文引入了政策哑变量。详细如下：

（1）股东获利能力变量：董事长与总经理是否兼任、股权集中度。当董事长和总经理是同一个人时，其权利更大，从而更有可能利用职权进行利益侵占；当股权分散时，公司实行高分红往往能够有效降低代理成本。

（2）公司规模变量：总资产的自然对数。很多研究表明公司的规模越大，其分红的可能性就越大。

（3）公司经营状况变量：资产负债率、净利润、净资产、每股收益、每股企业自由现金流。资产负债率越大，公司的负债一般越高，为了保护自己的利益不受损失，也为了保留进一步借款的能力，公司分红的意愿通常会较低；公司分红的来源主要就是利润，因而我们猜想利润越高，分红的可能性越大；分红后公司的净资产会减少。Jesen（1986）认为要使公司有效率，就要让公司的价值最大化，避免将大量的自由现金流浪费在低收益的项目上，必须通过分红或者股票回购等方式还给股东。因而，我们猜想当公司产生的自由现金流越多时，公司分红的概率应该越高。

---

① 2003年以前的样本数据缺失较多，所以本文选取2003~2010年的数据。

（4）投资机会变量：留存收益资产比、营业收入增长率、托宾 Q。通常学者们将留存收益资产比作为企业生命周期的代理变量（Harry et al.，2006），一般情况下，公司处于其生命周期较成熟阶段时，分红的可能性较大，而当其处于公司发展初期时，分红的可能性较小；当公司拥有较多的投资机会时，他们通常会采用不分红的政策，这样可以把利润保留下来进行再投资；托宾 Q 理论提供了一种有关股票价格和投资支出相互关联的理论，如果 Q 高，那么企业的市场价值要高于资本的重置成本，这种情况下，公司可发行较少的股票而买到较多的投资品，投资支出便会增加，因而倾向低分红甚至不分红。反之则倾向高分红。

（5）政策变量：股利是股东获取投资回报的一种重要途径。基于我国上市公司分红的意愿不强和分红水平较低的现象，中国证监会从 2001 年起将上市公司的分红行为与其再融资资格进行挂钩，不满足股利分配要求的上市公司将不允许再融资。在样本期 2003 ~ 2010 年间，我国证监会依次在 2004 年、2006 年和 2008 年颁布了半强制分红的相关政策。2006 年 5 月 6 日证监会颁布了《上市公司证券发行管理办法》，该文件最重要的一点就是提出上市公司公开发行证券应该符合最近三年以现金或股票方式累计分配的利润不少于最近三年实现的年均可分配利润的 20%。2008 年 10 月 9 日颁布的《关于修改上市公司现金分红若干规定的决定》提高了分红的额度，指出上市公司公开发行证券应符合最近三年以现金方式累计分配的利润不少于最近三年实现的年均可分配利润的 30%。由于动态面板模型滞后一期会自动损失 2003 年的观测值，因而文中我们只考虑了 2006 年和 2008 年颁布的这两个相关政策，其中 $Policy6=\begin{cases}0, & t<2006\\1, & t\geqslant 2006\end{cases}$，$Policy8=\begin{cases}0, & t<2008\\1, & t\geqslant 2008\end{cases}$。表 1 总结了主要变量的定义和记号。

表 1　　主要变量定义和记号

变量名称	定义	记号
是否分红	分红取 1，不分红取 0	Y
留存收益资产比	留存收益/总资产	*RE/TA*
每股企业自由现金流	企业自由现金流/总股数	*FCF*
净利润	净利润 $\times 10^{-10}$	*NP*
每股净资产	净资产/总股数	*NA*
资产负债率	负债总额/资产总额	*LEVEL*

续表

变量名称	定义	记号
托宾 Q	市场价值/期末总资产	*Tobin_Q*
每股收益	净利润/总股数	*EPS*
公司规模	总资产的自然对数	*SIZE*
两职兼任	董事长和总经理兼任取 1，否则取 0	*DUAL*
股权集中度	公司第一大股东持股比例	*Top*1
营业收入增长率	（年末营业收入 - 年初营业收入）/年初营业收入	*IGR*

接下来我们将对数据进行简单的描述统计分析。为了考察上市公司分红行为中的动态效应，我们计算了每年上市公司的分红比例的情况（见表 2）。其中第 2 列给出的是总样本中当期分红的上市公司比例，第 3 列和第 4 列分别代表在上期有分红和没有分红的子样本中当期分红的上市公司所占的比例。从表 2 我们可以看到，上市公司上期有分红这期仍然分红的比例在 78% 左右，而上期没有分红的公司当期分红的比例仅有 17% 左右，两者相差 4 倍多，并且我们算得分红行为的序列相关性（即 $cov(y_{it}, y_{it-1})$）达到 0.7，这些证据均表明上市公司的分红行为呈现出很强的连续性。这种现象背后的原因是什么呢？我们猜想这种连续分红现象除了与企业经营有关的因素外，可能还来源于两个方面：一方面是上市公司本身的分红行为之间存在这种状态依存关系，即所有上期分红的公司当期仍倾向于分红；另一方面是上市公司的个体特征，即那些偏好分红的公司将倾向于每一期都分红，也许即使没有分红行为跨期间的状态依存关系，这些个体特征也会使得上期分红的公司当期分红的概率较高。

表 2　　不同情况下当期分红的上市公司占比　　单位：%

年份	当期分红	上期分红且当期分红	上期不分红但当期分红
2004	47.89	77.94	18.20
2005	46.78	78.04	18.07
2006	44.77	79.28	15.66
2007	43.96	81.10	13.36
2008	44.16	78.34	16.73
2009	45.37	75.57	20.50
2010	47.89	79.66	19.85
2004～2010	46.32	78.92	17.54

表3给出了主要解释变量的中位数①。我们按照公司是否分红进行分组描述以便考察不同组别间的差异。从结果来看，分红公司和不分红公司的很多企业特征有着较大的差异，这些差异在一直分红的公司和一直不分红的公司之间体现得更加明显。比如一直分红的上市公司其RE/TA是0.151，而一直不分红的上市公司为-0.041，这体现了企业的生命周期特征，即上市公司处于其生命周期较成熟阶段时，分红的可能性较大，而当其处于公司发展初期时，分红的可能性较小；FCF在这两类公司中的差别也很大，一直不分红的上市公司该值为0.375，而一直不分红的上市公司仅为0.087，前者是后者的4倍多，这一数据也初步印证了Jesen（1986）关于自由现金流的结论，即要使公司有效率，就要让公司的价值最大化，避免大量的现金被浪费，必须通过分红或者股票回购等方式还给股东。另外公司分红的来源主要就是利润，通常情况下分红公司往往有着较高的利润，这一点表3也有所体现。

表3　分红与不分红公司间主要变量的中位数比较

变量	总样本	分红	不分红	一直分红	一直不分红
RE/TA	0.088	0.136	0.041	0.151	-0.041
FCF	0.224	0.329	0.135	0.375	0.087
NP	0.004	0.008	0.001	0.013	0.001
NA	1.713	2.227	1.304	2.555	0.926
LEVEL	0.542	0.513	0.571	0.492	0.599
Tobin_Q	1.148	1.142	1.161	1.138	1.199
EPS	0.095	0.199	0.039	0.254	0.018
SIZE	21.087	21.472	20.673	21.724	20.297
TOP1	33.770	39.745	29.910	42.070	27.990
IGR	0.128	0.120	0.133	0.103	0.108

四、实证分析

（一）我国上市公司分红行为的动态特征和异质性检验

对前文所述的动态面板随机效应probit模型（1）的估计，如本文第二部分所描述的，我们采用Heckman（1981b）的估计方法进行估计，表4给出了估计结果。为了便于比较，我们还给出了混合probit方法和传统的动态面板随

① 邓建平和曾勇（2005）提到在大样本分析下，当中位数和平均值方向不一致时，中位数更有说服力，因为平均值易受野值（Outlier）的影响。

机效应 probit 方法的估计结果，其中混合 probit 方法忽略了上市公司的个体效应和初始条件的内生性问题，只是简单地假设扰动项$u_{it} \sim N(0,1)$。传统的动态面板随机效应 probit 方法虽然考虑到了个体效应，但其也未考虑到初始条件的内生性问题。而本文所采用的方法不仅考虑到了个体效应，还考虑了初始条件的内生性问题。我们在文中选取上市公司的开业时间（记为 Time）作为初始条件中的工具变量。本文要重点考察的是体现上市公司分红行为状态依存关系的一阶滞后项 LID 的系数 γ、体现个体异质性的参数 λ，以及体现初始条件内生性的参数 θ。为了控制上市公司不同行业属性，我们还在模型估计过程中加入了行业效应①。

另外，表 4 中还计算出了各个回归模型关于状态依存项y_{it-1}系数的平均偏效应（APE）及其标准差，其中标准差的计算按照德尔塔方法（delta-method）进行。模型中我们最关心的一个重要问题就是解释变量y_{it-1}对响应变量 $P(y_{it}=1 \mid y_{it-1},x_{it})$的影响大小，这个可以用$y_{it-1}$对 $P(y_{it}=1 \mid y_{it-1},x_{it})$的偏效应来衡量：

$$\frac{\partial P(y_{it}=1 \mid y_{it-1},x_{it},\alpha_i)}{\partial y_{it-1}} = (\gamma \times \sqrt{1-\lambda}) \times \varphi[(\gamma y_{it-1} + x'_{it}\beta) \times \sqrt{1-\lambda}]$$

由于偏效应会随着 i 和 t 变化而变化，为方便起见，通常取平均偏效应来代替偏效应，即：

$$\text{APE} = (\hat{\gamma} \times \sqrt{1-\lambda}) \times \varphi((\hat{\gamma}\overline{y_{it-1}} + \widehat{\overline{x'_{it}}\beta}) \times \sqrt{1-\lambda}) \tag{5}$$

表 4　　我国上市公司分红行为的动态特征和异质性检验：动态面板 probit 回归

解释变量	混合 probit	传统 Random-probit	Heckman-probit
LID	1.252*** (0.040)	0.954*** (0.056)	0.865*** (0.056)
RE/TA	2.873*** (0.239)	2.729*** (0.345)	2.889*** (0.352)
FCF	0.037* (0.021)	0.091*** (0.026)	0.093*** (0.027)

① 为了控制不可观测的宏观时间趋势，我们也加入了时间哑变量进行了回归，结果没有改变本文的基本结论。

续表

解释变量	混合 probit	传统 Random-probit	Heckman-probit
NP	-0.323** (0.163)	2.440*** (0.880)	2.507*** (0.896)
NA	0.001 (0.023)	-0.075** (0.037)	-0.074* (0.038)
LEVEL	-0.049 (0.149)	-0.718*** (0.266)	-0.775*** (0.270)
Tobin_Q	-0.021 (0.023)	-0.007 (0.027)	-0.011 (0.027)
EPS	1.366*** (0.112)	0.944*** (0.153)	0.944*** (0.155)
SIZE	0.167*** (0.024)	0.266*** (0.076)	0.277*** (0.077)
DUAL	0.040 (0.061)	0.036 (0.075)	0.053 (0.077)
TOP1	0.005*** (0.001)	0.001 (0.003)	0.001 (0.003)
IGR	-6.8E-05 (0.000)	1.83E-06 (0.000)	-2.87E-06 (0.000)
Time			-0.044** (0.019)
λ		0.176*** (0.030)	0.209*** (0.298)
θ			0.989*** (0.211)
APE	0.457*** (0.020)	0.314*** (0.021)	0.278*** (0.023)

注：（1）LID 代表上一期是否分红；（2）表中数值为估计参数值，括号内为相应的标准差；（3）*、** 和 *** 分别代表 10%、5% 和 1% 的显著水平。

根据表 4 的结果不难发现，首先，无论在哪一种模型下，LID 的系数均显著大于 0，这说明我国上市公司的分红行为存在着显著的状态依存关系。由于混合 probit 模型假定$u_{it} \sim N(0,1)$，而随机效应 probit 模型假定$\varepsilon_{it} \sim N(0,1)$，所以为了将不同的模型所估计的结果进行比较，我们需要将随机效应 probit 模型估计所得的参数乘以$\frac{\sigma_\varepsilon}{\sigma_u} = \sqrt{1-\lambda}$。从表 4 可以看到由混合 probit 估计所得上一期分红的系数为 1.252，而传统的动态面板随机效应 probit 估计方法和 Heckman 估计方法估得的系数经过调整后分别为 0.954 和 0.865，这两个估计值都比混合 probit 方法所得到的估计值小得多。进一步观察不同估计方法关于分红的一阶滞后项的平均偏效应，混合 probit 方法算得的 APE 为 0.457，而由传统的动态面板随机效应 probit 方法和 Heckman 估计方法得到的 APE 分别为 0.314 和 0.278，这些表明倘若忽略上市公司的个体效应和初始条件的内生性会在一定程度上高估状态依存项y_{it-1}的作用。

其次，后两种方法的 λ 估计值均显著大于 0，这说明上市公司的个体异质性对其分红行为具有显著的影响，这从另一个方面说明了除了存在状态依存关系外，上市公司自身的个体异质性也是造成这种连续分红现象的一个重要原因，即一些上市公司的文化或其他制度因素导致公司有一直分红的偏好。从表 4 中还可以看到 θ 显著大于 0，这说明初始条件内生性的假设是准确且有必要的。

最后，我们看到混合 probit 方法与另外两种估计模型关于其他解释变量的回归几乎都具有一定的差异，特别是净利润 NP 的回归系数，虽然三种模型的回归结果都显著，但混合 probit 方法算得的系数显著为负，而其他两种模型所算得的系数均是显著为正的。事实上，我们知道上市公司分红的来源主要就是利润，因而利润越高，分红的可能性就应该越大，并且从表 3 的统计信息也可以看到分红的公司比不分红的公司利润要高很多，所以，正的系数更符合现实。

（二）金融监管的有效性分析：半强制分红激励政策

表 4 的结果显示了 Heckman 估计方法的合理性与优越性，因此为了进一步考察金融监管对上市公司分红行为的影响，本文以分红政策哑变量作为金融监管的代理变量。表 5 使用 Heckman 估计方法考察两个政策变量 Policy6 与 Policy8 对我国上市公司分红行为的作用。与表 4 的结果类似，表 5 的结果同样显示一阶滞后项的系数 γ、个体异质性假设 λ 与初始条件内生性假设 θ 的估计值均显著不为 0。

表 5　　半强制分红激励政策的有效性：Heckman-probit 回归

解释变量	Heckman（1）	Heckman（2）	Heckman（3）	Heckman（4）
LID	0.865*** (0.056)	0.856*** (0.056)	0.862*** (0.057)	0.857*** (0.057)
RE/TA	2.889*** (0.352)	3.062*** (0.358)	2.946*** (0.358)	3.050*** (0.360)
FCF	0.093*** (0.027)	0.076*** (0.026)	0.090*** (0.027)	0.076*** (0.026)
NP	2.507*** (0.896)	2.530*** (0.892)	2.507*** (0.895)	2.530*** (0.892)
NA	-0.074* (0.038)	-0.144*** (0.042)	-0.091** (0.041)	-0.141*** (0.043)
LEVEL	-0.775*** (0.270)	-0.745*** (0.210)	-0.775*** (0.270)	-0.744*** (0.271)
Tobin_Q	-0.011 (0.027)	0.021 (0.028)	-0.006 (0.028)	0.020 (0.028)
EPS	0.944*** (0.155)	1.031*** (0.157)	0.943*** (0.155)	1.033*** (0.157)
SIZE	0.277*** (0.077)	0.358*** (0.079)	0.302*** (0.080)	0.354*** (0.081)
DUAL	0.053 (0.077)	0.056 (0.077)	0.054 (0.077)	0.055 (0.077)
TOP1	0.001 (0.003)	-0.005 (0.003)	0.000 (0.003)	-0.005 (0.003)
IGR	-2.87E-06 (0.000)	-3.9E-05 (0.000)	-9.26E-06 (0.000)	-3.8E-05 (0.000)
Policy6		-0.257*** (0.06)		-0.263*** (0.064)
Policy8			-0.055 (0.050)	0.014 (0.053)
Time	-0.044** (0.019)	-0.044** (0.019)	-0.044** (0.019)	-0.044** (0.019)

续表

解释变量	Heckman (1)	Heckman (2)	Heckman (3)	Heckman (4)
λ	0.209*** (0.298)	0.214*** (0.299)	0.210*** (0.298)	0.214*** (0.299)
θ	0.989*** (0.211)	0.984*** (0.207)	0.988*** (0.21)	0.985*** (0.207)
APE	0.278*** (0.024)	0.274*** (0.025)	0.276*** (0.025)	0.274*** (0.025)

注：(1) LID 代表上一期是否分红；(2) 表中数值为估计参数值，括号内为相应的标准差；(3) *、** 和 *** 分别代表 10%、5% 和 1% 的显著水平。

表 5 中 Policy6 的系数显著为负，这一现象说明这一政策并没有提高上市公司分红的概率，反而使得一些原来分红的公司现在不分红了，这与政策制定的初衷正好相反。Policy8 的系数虽然为正，但统计不显著，说明与 2006 年颁布的政策相比，2008 年颁布的分红激励政策并未给上市公司的分红行为带来明显影响。在我们看来，尽管这些半强制分红激励政策减少了“重融资、轻回报”企业通过股市进行融资的机会，也可能在一定程度上起到了保护投资者的作用，但并没有达到激励上市公司分红的目的。可能的原因在于，这些半强制政策主要针对有公开再融资需求而且在二级市场募集资金的上市公司。基于理性考虑，上市公司如果觉得通过分红而获得融资资格的成本要高于其他融资渠道的成本，它们会倾向于选择非公开再融资。这显然违背了管理层出台这些政策的初衷。因此，如何出台更切实有效的政策来鼓励上市公司通过分红更好地回报投资者是管理层的重要研究课题。

另外，从模型的其他解释变量的估计结果来看，我们也发现了一些和其他研究相似的结论。例如，留存收益资产比的系数都显著为正，证实了已有文献提出的关于企业生命周期理论的假说。根据“优序融资理论”，企业外部融资的成本要远高于内部融资的成本，所以当拥有较多的投资机会时，为了利益最大化，公司倾向于低分红。公司在发展初期一般都拥有较多的投资机会，但是它们的资金却很有限，因而往往要通过保留财富来进行再投资，所以此时倾向于不分红，而发展成熟的公司通常经营状况良好，并且已经积累较高的利润和财富，但是它们投资机会却相对较少，在这种情况下，它们更有能力也更愿意去分红，进而实现利益最大化（Myers，1984；Fama，2005；李长青，2010）。另外，每股企业自由现金流的系数也显著为正，证实 Jesen

(1986) 和 Easterbrook (1984) 的理论在中国同样适用，他们认为企业不该拥有大量的自由现金流，将利润进行分红更有益于公司利润最大化的目标，分红不仅增加了企业外部融资的机会，同时也增加了管理者被外部监督的机会。还有，由表 5 可以发现规模大、利润高、负债少的公司分红的概率更大，这一结论和诸多已有文献的研究成果基本一致。最后，反映股东获利能力的变量 DUAL 和 TOP1 的系数都不显著，这说明在上市公司的分红决定中，大股东并未起到决定性的作用。

五、结论与政策建议

通过使用 2003 ~2010 年间我国沪深 A 股上市公司的面板数据，本文利用带异质性的动态面板二项选择模型证明了我国上市公司的连续分红现象来源于两个方面：一方面是上市公司本身的分红行为之间有这种状态依存关系，即所有上期分红的公司这期还倾向于分红；另一方面是上市公司的个体特征，即那些偏好分红的公司倾向于一直分红。正如文中阐述的这两种情况对投资者的指导意义是不同的。从本研究的实证结果来看，我国上市公司两者兼而有之。另外，本文的结果证实中国的企业也满足生命周期理论的假说，同时我们也得到规模大、利润高、负债少的公司分红的概率更大。

对于上市公司而言，合理的现金分红不仅可以保护投资者的利益，而且能够保障上市公司的后续发展能力；对于投资者而言，分红可以帮助我们在市场中甄别出高效率公司；对整个资本市场而言，连续的分红可以引导长期投资，分化投机力量，固化投资力量，其影响巨大。本文的研究告诉我们应该关注上市公司的盈利和发展状况，并且面对逐步改善的上市公司分红环境，投资者也应该重视上市公司现金分红的连续性和稳定性，从而通过长期投资来获取可观的稳定回报。

一直以来，我国证券市场“重融资、轻回报”的现象比较普遍，虽然这一情况近年来已经有所改善，上市公司股利分派率也已经在不断提高，但与国际上成熟的市场相比，我们仍处于较低水平。尽管我国证监会陆续颁布了一系列半强制分红政策，然而本文研究发现 2006 年和 2008 年颁布的政策并未达到促进分红的预期效果。鉴于此，我们提出以下一些建议：

(1) 针对我国一些公司上市的目的就是为了“圈钱”的现象，监管部门应该从上市公司发行新股入手，从整体上提高上市公司的质量，进而从根本上保证上市公司未来的分红能力。

（2）研究告诉我们上市公司的留存收益和分红是一个互补的关系，因而为了促进上市公司的分红，证监会应该加强对上市公司留存收益的监管。鼓励上市公司利用留存收益进行再投资的同时也有必要将公司的留存收益使用状况纳入监管部门和投资者的监督之下，从而保护中小投资者的利益。

（3）一些上市公司为了少数股东的利益在不具备分红能力的情况下过度分红，这样不仅对上市公司的长远发展不利，也损害了投资者的利益，所以相关部门应该加强对这类公司的监管，防范其可能出现的风险。

（4）目前我国股票红利税比较重，分红当天股票还没开盘，投资者的股票账户市值就已经缩水，这就使得上市公司分配的红利事实上并没有完全分配到投资者手中。太多的税收和不必要的支出确实让上市公司不太愿意分红，所以我们建议降低或取消红利所得税，让投资者从分红中得到实实在在的回报。

（5）当然如果一味强调现金分红，或者把现金分红当成是上市公司进行再融资的必要条件，而忽视提高上市公司自身的质量和其产业水平，那么投资者是不会欢迎的。只有通过提高公司价值，才能够给投资者带来实实在在的回报，这样的方式才是我们所积极倡导的。

参考文献

[1] 邓建平，曾勇，何佳．利益获取：股利共享还是资金独占？［J］．经济研究，2007（4）．

[2] 邓建平，曾勇．上市公司家族控制与股利决策研究［J］．管理世界，2005（7）．

[3] 李常青，魏志华，吴世农．半强制分红政策的市场反应研究［J］．经济研究，2010（3）．

[4] 李常青．我国上市公司股利政策现状及其成因［J］．中国工业经济，1999（9）．

[5] 权小峰，腾明慧，吴世农．行业特征与现金股利政策——基于2004~2008年中国上市公司的实证研究［J］．财经研究，2010（8）．

[6] 宋福铁，梁新颖．企业生命周期理论与上市公司现金股利分配实证研究［J］．财经研究，2010（9）．

[7] 应展宇．股权分裂、激励问题与股利政策——中国股市之谜及其成因分析［J］．管理世界，2004（7）．

[8] 周亚虹，贺小丹，沈瑶．中国工业企业自主创新的影响因素和产出绩效研究［J］．经济研究，2012（5）．

[9] Adam S. Koch，Amy X. Sum. Dividend Changes and the Persistence of Past Earnings Changes

[J]. Journal of Finance, 2004 (5): 2093 -2116.

[10] Card David and Daniel Sullivan. Measuring the Effect of Subsidized Training Pro-grams on Movements In and Out of Employment [J]. Econometrica, 1988 (56): 497 -530.

[11] Chamberlain, Gary. Panel data [M]. Z. Griliches & M. D. Intriligator. Handbook of Econometrics, edition 1, 1984: 1247 -1318.

[12] David J. Denis andIgor Osobov. Why do Firms Pay Dividends? International Evidence on the Determinants of Dividend Policy [J]. Journal of Financial Economics, 2008 (89): 62 - 82.

[13] Easterbrook, F. H. Two Agency2cost Explanations of Dividends [J] . American Economic Review, 1984, 74 (4): 650 -659.

[14] Eugene F. Fama and James D. MacBeth. Risk, Return, and Equilibrium: Empirical Tests [J]. Journal of Political Economy, 1973 (81): 607 -636.

[15] Eugene F. Fama and Kenneth R. French. Financing Decisions: Who Issues Stocks? [J]. Journal of Financial Economics,, 2005 (76): 549 -582.

[16] Eugene F. Fama and Kenneth R. French. Disappearing Dividends: Changing Firm Characteristics or Lower Propensity to Pay? [J]. Journal of Financial Economics, 2001 (60): 3 - 43.

[17] Fischer Black. The Dividend Puzzle [J]. The Journal of Portfolio Management, Winter, 1976 (2): 8 -12.

[18] Harry DeAngelo, Linda DeAngelo and Rene M. Stulz. DividendPolicy and the Earned/contributed Capital Mix: a test of the Life-cycle Theory [J]. Journal of Financial Economics, 2006 (81): 227 - 254.

[19] Heckman, James J. Heterogeneity and State Dependence [M]. Sherwin Rosen. Studies in Labor Markets, ed. Chicago: University of Chicago Press, 1981c.

[20] Heckman, James J. Simple Statistical Models for Discrete Panel Data Developed and Applied to Test the Hypothesis of True State Dependence Against the Hypothesis of Spurious State Dependence [J]. Annales de lINSEE, 1978: 30 -31, 227 -269.

[21] Heckman, James J. Statistical Models for Discrete Panel Data [M]. Charles Manski and Daniel McFadden. Structural Analysis of Discrete Data, ed. Cambridge, MA: MIT Press. , 1981a.

[22] Heckman, James J. The Incidental Parameters Problem and the Problem of Initial Conditions in Estimating a Discrete Time-discrete Data Stochastic Process [M]. Charles Manski and Daniel McFadden. Structural Analysis of Discrete Data, ed. Cambridge, MA: MIT Press. , 1981b.

[23] Jensen, M. W. Agency Costs of Free Cash Flow, Corporate Finance and Takeovers [J]. American Economic Review, 1986, 76 (2): 323 -329.

[24] Lintner. Distribution of Incomes of Corporations among Dividends, Retained Earnings, and Taxes [J]. American Economic Review, 1956, 46 (2): 97 -113.

[25] Mark B. Stewart. The Inter-related Dynamics of Unemployment and Low-wage Employment [J]. Journal of Applied Econometrics, 2007 (22): 511 -531.

[26] Myers. The Capital Structure Puzzle [J]. Journal of Finance, 1984 (39): 575 -592.

[27] Shlomo Benartzi, Roni Michaely and Richard Thaler. Do Changes in Dividends Signal the Future or the Past? [J]. Journal of Finance, 1977 (3): 1007 - 1034.

[28] Wooldridge, J. M.. Simple Solutions to the Initial Conditions Problem in Dynamic, Nonlinear Panel Data Models with Unobserved Heterogeneity [J]. Journal of Applied Econometrics, 2005, 20 (1): 39 -54.

英国城镇供水行业监管体制研究

张秀智　钟　玮*

摘　要　城镇供水行业是典型的自然垄断行业，若不对其进行有效监管将会带来垄断低效率问题。为此，建立有效监管下的比较竞争机制，是改善城镇供水企业经营绩效，提升城镇供水行业专业化水平和规模化程度，保护消费者权益的重要前提和基础条件。本文系统研究了英国城镇供水行业政府监管框架及其绩效考核制度，重点分析其监管部门职能和监管的法律依据，梳理出了英国城镇供水行业的绩效考核指标体系，在此基础上，从产权结构多元化、绩效考核常态化、绩效报告公开化等方面提出可供中国城镇供水行业发展的相关政策建议。

关键词　英国　城镇供水行业　监管框架　绩效考核　比较研究

劳动分工与专业化是规模报酬递增的必要条件。促进城镇供水行业专业化发展和产业升级，建立安全优质、高效率的城镇供水公共服务体系，对促进城镇供水市场的专业化发展，建立城镇供水企业的比较竞争模式，提高城镇供水行业安全质量和监管水平具有重要作用。英国在城镇供水领域积累了丰富的研究经验，为此，本文对英国的英格兰、威尔士、苏格兰、北爱尔兰的城镇供水行业的监管框架与行业绩效考核制度进行系统研究，从而为推动中国城镇供水行业监管体制改革，提升城镇供水行业专业化水平提供决策支持。英国水务行业提供的服务主要包括供水服务和污水处理服务两大部分。

---

* ［作者简介］张秀智，中国人民大学公共管理学院副教授，100872；钟玮，中国人民大学公共管理学院讲师，100872。

［基金项目］国家水体污染控制与治理科技重大专项（2011ZX 07401－001－03）。

在英格兰和威尔士由多个私营公司共同提供供水和污水处理服务，但受公共部门监管。在苏格兰和北爱尔兰由公营公司提供供水和污水处理服务。鉴于英格兰和威尔士、苏格兰和北爱尔兰存在差别化的供水和污水处理服务模式，本文将分别对英格兰和威尔士供水行业政府监管体制、苏格兰和北爱尔兰供水行业政府监管体制进行研究，并提出推动中国城镇供水行业改革和发展的政策建议。

一、英格兰和威尔士城镇供水行业政府监管体制[①]

（一）产业结构与所有制

在英格兰和威尔士，主要由 32 家私营公司负责 99% 以上人口的供水与污水处理服务。其中，由 10 家区域性的垄断企业同时提供供水和污水处理服务，每个服务区域边界是在 1989 年英格兰与威尔士供水行业私有化过程中划分出来的，这些企业可以申请改变原有的服务覆盖区域或申请新的服务覆盖区域，每家企业的服务用户数量大约 120 万～850 万。9 家企业是被指定只提供供水服务的区域公司，并在各自的服务区域内具有垄断地位，其服务区域边界同样是在供水行业私有化过程中划定的，每家企业所拥有的客户数大约 2000～310 万。

除了上述两种类型外，一些公司还可申请被许可为某些特定地区的供水与污水处理服务商。一旦通过申请并被许可，这些公司便和其他供水行业服务商一样拥有同等的权利和义务，在英格兰与威尔士，共有 5 家在各自服务区域内具有垄断地位的公司拥有这样的许可，每家公司的服务区域在该公司被许可时已经确定，但也可以提出申请改变其许可以覆盖新的服务地区，每家获得本地许可的公司最多服务大约 1700 个客户。此外，第四类公司是拥有供水许可证、专为大规模用水客户提供供水服务的公司，英格兰与威尔士共有 8 家拥有供水许可证的公司。它们可以利用一个指定公司的供水系统为符合条件的区域提供供水和污水处理服务，并和那些被许可的公司竞争为大规模的用水客户提供服务的资格。

① 关于英格兰和威尔士地区的供水行业监管框架与绩效考核相关内容参考 http：//www. ofwat. gov. uk。

（二）立法体系与监管框架

在英格兰和威尔士，供水和污水处理行业必须遵守国会法令和欧盟指令。这些国会法令和欧盟指令共同构成水务行业运营的立法框架。首先，1989 年颁布的水法案和 1991 年依次发布的四项法案共同构成供水行业的基本法律框架。其中，1989 年的水法案确定了整个供水行业的私有化运营制度基础。1991 年发布的四项法案进一步巩固了供水行业的已有相关法律规定（包括 1989 年水法案）。该立法框架随后在其他法案修改过程中不断得到巩固。英格兰和威尔士的水务行业立法体系详见表 1。

表 1　　英格兰和威尔士的水务行业立法体系

来源	年份	标题	主要内容
本国	1989	水法案	确立供水行业的私有化
	1991	水行业法案	设定了供水及污水处理公司的权利和义务；明确了水务总干事的权利
		水资源法案	设定了国家河流管理局的职能；引入了水质量的分类和目标
		法定水服务公司法案	只适用于从前的法定水服务公司
		土地排水法案	将从前地方当局与内部排水权利相关职能移交给河流管理局
	1992	设施竞争和服务法案	增加供水服务办公室裁定纠纷的权利；增加行业竞争中的有限机会
	1995	环境法案	合并了国家河流管理局的功能、工业空气污染监察局的功能、地方当局的污水排放管制功能与环境局的某些职能
	1998	竞争方案	禁止企业之间以达成协议的方式妨碍、限制或者扭曲竞争；禁止企业滥用自己的市场优势；水务监管局和公平交易办公室共享在水服务行业中的调查权力
	1999	供水行业法案	剥夺公司因未付账单停止向国内客户提供服务的权利；限制公司可以强制读取国内客户水使用量的情况；要求公司的收费方式必须得到水务总干事的同意；确保公司基于征税固定价值继续向客户收取费用的权利

续表

来源	年份	标题	主要内容
本国	2002	企业法案	修改1991年水服务业法案，以赋予竞争委员会管理某些水服务公司合并的责任
	2003	水法案	修改抽水执照的框架；修改经济管制的企业结构；将大规模的用水客户包含到供水行业内的竞争中
	2010	洪水及水资源管理法案	删除自动连接到下水管道的权利；修改在干旱时期水服务公司可以采取的措施；修改水服务业法案以澄清缴纳税费的责任人；使水服务公司可以更容易地为某些群体降低水费
欧盟	1991	城市废水处理指令	保护水环境不受城市废水和某些工业排放物的破坏
	1998	饮用水指令	设置饮用水质量标准；要求监测和报告生活饮用水水质
	2000	供水框架指令	创建单独的基于各地自然流域的水管理系统；设置改善水质的目标和期限；总体上着眼于水生态系统及其化学特性
		水业框架指令	水资源管理
	—	洪水指令	要求成员国开展洪水风险评估，建立洪水风险地图和制定洪水风险管理计划
	—	洗澡用水指令	通过保持沿海和内陆洗澡水域不受污染，以保护公众健康和环境
	—	污水污泥指令	鼓励在农业中使用污水污泥，并规范其使用，以防止对土壤、植被与人畜的有害影响
	—	海洋战略框架指令	建立基于地理及环境条件的海洋区域；要求成员国制定战略以保护自己的海洋水域

除本国立法外，英国大部分环境立法都来自欧盟。由于不同国家环境问题存在一定的差异，为此，欧盟有关环境的立法通常采用指令形式。指令允许欧盟制定其成员国所要达到的基本目标，但是把具体的执行权交给各成员国。这使得每一成员国家在遵守欧盟指令的前提下，可结合本国法律体系灵活采取相应措施。在英格兰和威尔士，自1989年供水行业私有化以来，已建立较为完善的监管框架，详见图1和表2。由7个机构共同监管供水和污水处理服务，并与供水企业合作，从而保证消费者以合理的价格获得高质量服务。

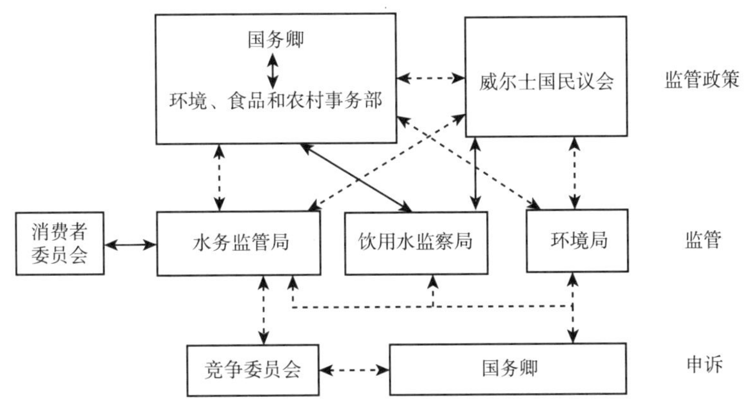

图 1　英格兰与威尔士供水与污水处理企业的监管框架

注：实线代表组织内联系，虚线代表组织间联系。

表 2　　英格兰和威尔士供水行业监管部门与职责

部门		职责
上层监管机构	威尔士国民议会	为英格兰、威尔士供水行业的监管提供政策依据
	环境、食品和农村事务部	为英格兰供水行业的监管提供政策依据
中层监管机构	水务监管局（非内阁政府部门，独立于政府与供水行业）	1. 鼓励供水行业内的竞争，以保证供水公司能够在自负盈亏的基础上适当地履行其职责； 2. 保护消费者利益； 3. 促进经济与效率，为可持续发展做贡献； 4. 保证供水行业以合理的价格提供给消费者高质量且高效的服务，限制供水行业的服务价格与最大程度减少消费者在用水方面的支出； 5. 监控供水企业绩效，采取包括强制性的执法行为等监管行动； 6. 为供水行业设定有挑战性的效率目标，保证供水行业长久地为消费者提供最好的服务和改善环境，鼓励行业竞争
	饮用水监察局（隶属于环境、食品和农村事务部）	1. 负责英格兰与威尔士的饮用水水质立法； 2. 负责确保所供应的饮用水是干净的、安全可饮用的、且达到国家规定的饮用水质量标准； 3. 负责独立审查向英格兰和威尔士消费者提供饮用水的供水公司的各项活动； 4. 组织为饮用水水质提供充分证据基础的研究； 5. 在英格兰和威尔士公布饮用水水质数据（DWI, 2013）； 6. 审计供水行业，包括每年度的饮用水水质评估

续表

部门		职责
中层监管机构	环境局（1995 年成立的非政府部门公共机构）	1. 因为环境局是通过合并包括国家河流局在内的几个管制部门成立的，水资源管理和供水行业是该部门的一个重要工作领域； 2. 为供水公司提供许可证，以允许其从水环境中抽水； 3. 奖励那些先将废水进行处理再排放到环境中的供水公司
	消费者委员会（2005 年 1 月成立的非政府部门公共机构）	1. 负责供水相关投诉的； 2. 为受侵害的消费者提供公正的建议； 3. 通过四个英格兰的地区委员会（北部、中部与东部、伦敦，以及东南部与西部）以及一个在威尔士的委员会进行运作
下层监管机构	竞争委员会	当一个供水公司对于一个提案不满意或者无法接受时，公司可以就监管部门的提案向竞争委员会提出上诉
	国务卿	处理供水企业关于饮用水质量及环境要求监管决定的上诉

最上层为监管政策部门，包括国务卿，威尔士国民议会，环境、食品和农村事务部。国务卿与环境、食品和农村事务部共同为英格兰供水行业监管提供政策依据。威尔士近年来随着国民议会的创立有所改变。其中，威尔士国民议会内设第一部长以及内阁，内阁包括一位环境大臣，负责威尔士地区的供水与供水行业。监管结构的中间层是监管层，负责具体监管工作，包括水务监管局、饮用水监察局、环境局以及消费者委员会。监管机构的最下层是与上述相关部门，负责供水公司关于饮用水质量以及环境要求监管决定的上诉。其中，竞争委员会是供水服务公司的公共上诉机构。当一个公司对一个提案不满意或者难以接受时，公司可以就监管部门提案向竞争委员会提出上诉。供水企业关于饮用水质量及环境要求监管决定的上诉通常由国务卿处理。

（三）绩效考核

英格兰和威尔士的供水与污水处理服务具有典型的区域垄断性。为了保障消费者利益不被垄断侵害，在私有化的过程中对供水的服务质量等进行经济监管。该监管方式能够比较不同供水公司绩效，从而使得水务监管局替代了竞争性的市场，通过比较各供水公司的运营绩效，从而实现激励公司提高供水效率并不断创新的目的。自英格兰和威尔士供水行业私有化改革以来，建立了以绩效比较为核心的比较竞争制度，成为供水行业的重要监管工具。

水务监管局使用四类指标衡量和比较供水公司的总体运营绩效，主要包括水价、服务水平、水质、漏失量、运营成本、资本开支、相对效益、管网运行和财务绩效等。通过比较考核水务公司的绩效差距，实现激励各水务公司改善绩效，并向用户提供更优质服务的目的。绩效考核指标隶属于供水的可靠性与可用性、客户服务、环境影响与财务等四个维度内，详见表3。

表3　英格兰与威尔士供水企业的绩效指标、定义与测量方法

指标		定义	测量方法
供水客户服务	服务奖励机制	客户对于公司服务的担忧程度以及公司对这些担忧的处理	分数
	下水道溢流	在过去10年中发生过内部下水道泛洪的物业中内部下水道溢流发生的次数	事件发生的次数
	供水中断	每一处供水的物业断水超过三个小时以上的次数	所有供水物业断水的时间总数
供水的可靠性与可用性	非基础设施供水服务能力	对于近期为客户服务能力的历史趋势的评价，基于服务和资产绩效指标的浮动	稳定/改进中/边缘/日益恶化
	基础设施供水服务能力	对于近期为客户服务能力的历史趋势的评价，基于服务和资产绩效指标的浮动	稳定/改进中/边缘/日益恶化
	非基础设施废水处理服务能力	对于近期为客户服务能力的历史趋势的评价，基于服务和资产绩效指标的浮动	稳定/改进中/边缘/日益恶化
	基础设施废水处理服务能力	对于近期为客户服务能力的历史趋势的评价，基于服务和资产绩效指标的浮动	稳定/改进中/边缘/日益恶化
	漏损	每天给水过程中的漏损水量与供水管道漏损水量之和，包括从污水设备到客户水龙头之间的任何不受控制的损失水量，但不包括内部管道的损失	兆升/天（Ml/day）
	供水安全指数	在两种特殊情况下（枯水年和需求高峰期），供水公司能够保证其正常服务水平的程度	指数得分

续表

指标		定义	测量方法
环境影响	温室气体排放	受规管企业每年因运营而产生的温室气体排放量	千吨二氧化碳
	污染事件（污水）	在一个日历年内在一个污水处理公司场地所发生的污染物排放或者泄露的污染事件发生的总数（级别1～3）	每一万公里污水管道发生级别1～3事故的次数
	严重污染事件（污水）	在一个日历年内在一个污水处理公司场地所发生的污染物排放或者泄漏的严重污染事件发生的总数（级别1～2）	每一万公里污水管道发生级别1～2事故的次数
	排污许可证合规性	污水处理场地根据排污许可条件处理及排放污水的表现	百分比
	污泥处置满意度	公司定义各自的污泥处置满意度。最低限度，公司必须遵守安全排污矩阵并遵循任何相关法律责任	百分比
财务	资本税后利润回报	当前的成本营业利润减去税收作为监管资本的回报	百分比
	信用评级	公司遵守许可证要求维持投资级信用评级的能力	评级机构评估
	资本负债率	对于传统融资公司，净债务在年度末占总监管资本价值的百分比。对于结构性公司，由公司财务契约定义	百分比
	利息保障	对于传统融资公司，调整后的利息覆盖以及运营基金/利息。对于结构性公司，调整后的利息覆盖或者公司财务契约中要求的维修后利息覆盖率。为了财报需要，公司被要求报告最低的利息覆盖率	比例

在英格兰和威尔士，每个供水公司都被要求至少每年一次向水务监管局报告绩效指标数值。水务监管局也鼓励每个供水公司在每年 7 月 15 日之前公布这些指标值（即六月反馈）。水务监管局基于报告指标值总结并比较监管下的供水公司绩效。监察员、投资者以及客户在内的其他利益相关者也会使用该套指标评价公司总体运营绩效。例如，环境局会使用每年的绩效指标值评价供水公司在环境保护方面的相关表现；消费者也可使用这些指标值评价公司的运营情况。公司也可以选择公布重要的额外指标值，如饮用水水质指标值。

英格兰与威尔士建立了供水行业的比较竞争、六月反馈和定期审核的绩效管理制度，以指标体系衡量水务公司的绩效，大大促进了水务行业的效率。例如，低压供水比率这个指标，从 1990 年的 1.85% 下降到2000 年的0.13%，十年时间下降了 93%。

二、苏格兰供水行业政府监管体制①

苏格兰的供水与污水处理服务完全由国有公司苏格兰水业提供。这是一家直接对苏格兰议会以及苏格兰居民负责的法定公司。2002 年，苏格兰水业法案决定合并当时负责供水与污水处理服务的西苏格兰供水部、东苏格兰供水部和北苏格兰供水部这三个公共供水部门，组建成立了苏格兰水业，三个部门的功能和资源都被移交给苏格兰水业。苏格兰水业是整个英国境内的第四大供水企业，该公司为整个苏格兰地区 240 万家庭户（大约 500 万居民）以及 123000 家商业单位提供饮用水服务。同时，公司每天供应 13 亿升处理后的饮用水并收集处理大约 8.4 亿升的废水。公司的日常运转费用来自于水费收入，其部分长期开销由苏格兰政府的长期贷款提供。

（一）监管框架

苏格兰供水行业监管框架主要依据 2002 年苏格兰的供水服务法案建立的，详见图 2 和表 4。该框架由苏格兰议会、苏格兰部长、苏格兰水业委员会、消费者论坛、消费者未来、苏格兰公共服务专员、苏格兰环境保护局以及饮用水质量管制者等 8 个部分组成，这 8 个组成部分各司其职，从而为苏格兰地区城镇供水行业发展提供监管保障。

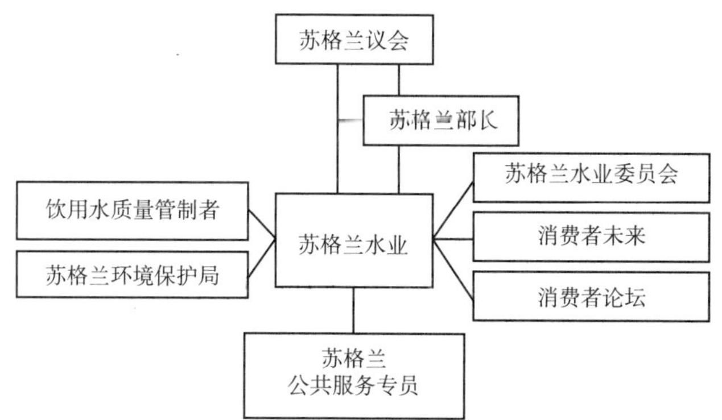

图 2　苏格兰供水与污水处理行业监管框架

---

① 关于苏格兰供水行业监管框架与绩效考核相关内容参考 http：//www.scottishwater.co.uk。

表 4　　苏格兰供水行业监管机构与职责

部门名称	职责
苏格兰议会	1. 监督苏格兰水业公司与苏格兰部长； 2. 定期召集苏格兰水业公司的高层领导向议会汇报工作
苏格兰部长	1. 为苏格兰水业确定目标； 2. 任命公司的主席和非执行董事会成员
苏格兰水业委员会	1. 负责苏格兰水业的经济管制，为苏格兰水业设置收费标准，拥有对价格设定过程上诉的权利； 2. 报告其运营费用与绩效； 3. 负责独立设置苏格兰最低的合理供水和污水处理成本； 4. 通过制定水价，监督苏格兰水业的表现与促进供水行业内的竞争，确保住户以及商业消费者获得高质量的供水服务，提高苏格兰供水行业消费者的利益
饮用水质量管制者（由苏格兰部长任命）	可以授权其他人代表他行使其职能确保苏格兰饮用水水质符合相关规定，以保护公共健康
苏格兰环境保护局	1. 监管苏格兰水业公司的环境责任符合苏格兰和欧盟的饮用水标准与废水排放标准，包括城市及其他工业废水排放的城市废水治理指令（1991/27/EEC）、饮用水指令（1998/83/EC），以及关于水资源管理的水业框架指令（2000/60/EC）； 2. 为苏格兰行政院以及供水行业专员在苏格兰供水行业所需要的环境投资方面提供建议
苏格兰公共服务专员	1. 负责调查苏格兰包括供水行业服务在内的公共服务投诉； 2. 分享从改进公共服务投诉中学习到的教训
消费者未来	1. 代表苏格兰供水行业消费者的权益，负责表达苏格兰水业消费者的看法与权益； 2. 为消费者提供任何与苏格兰供水行业相关问题的法定咨询，以保证政府关于供水服务的决策核心是满足消费者需求； 3. 向供水服务商索要信息，调研关于失败服务的官方投诉； 4. 苏格兰政府按照法律规定要向其咨询与设定苏格兰供水服务价格有关的事务
消费者论坛（独立组织）	1. 主要负责发现并理解客户的优先事项并努力为他们争取最好的结果； 2. 保证消费者意见能够反映在立法过程中，并且成为影响决策的核心因素； 3. 保证在供水服务定价阶段，消费者的意见能被准确传达并纳入决策者的考虑范围

（二）绩效考核

作为苏格兰水业监管合约重要组成部分，苏格兰水业公司与监管部门合作设定了一些用于考核公司运营的绩效的关键指标，这些绩效指标均反映在公司供水计划中。供水绩效考核指标分为第一级别指标和第二级别指标共两个组别。其中，第一级别指标包括财务指标、漏损量目标、累积输出交付量、消费者满意度、健康与安全以及总体绩效评估（overall performance assessment，OPA）指标。第二级别指标主要是单独的绩效指标，包括组成 OPA 的相关指标以及某些与批量供水活动相关的新指标，例如碳排放量以及总员工数。OPA 是一个衡量客户满意度的指数，其分数同时受 12 个因素影响，比如饮用水水质、投诉、客服电话接听、漏损水量及供水服务中断次数。苏格兰水业公司内设 OPA 督导组，该督导组每月开会 1 次，分析 OPA 数据并决定其采取的措施，OPA 分数由苏格兰水业委员会独立审核。

第一级指标是考核苏格兰水业运营绩效的核心指标，详见表 5。苏格兰政府要求苏格兰水业从 2002 年 4 月 1 日开始到 2014 年，分阶段持续性地实施供水服务改进计划。表 5 中的 Q&S II、Q&S IIIa 和 Q&S IIIb 即为各期质量与标准改进计划（quality & standards enhancement programme）的缩写。该计划定义了一系列的改进目标，用于持续改善苏格兰水业供水行业的运营状况，特别是改进饮用水水质，确保地下基础设施的完好，在几个关键领域提高环境以及客户服务质量，以达到供水与废水处理条例的法定目标。

表 5　　苏格兰水业核心运营绩效考核指标、各指标完成目标值或项目数

级别 1 绩效指标	商业目标 2011/12	交付计划目标 2011/12	商业目标 2012/13	交付计划执行情况 2012/13
OPA 分数（12 个月内移动平均值）	337	317	358	338
Q&S IIIb 总体交付程度	>131	131	>192	192
Q&S IIIa 与 Q&S II 完成（未完成项目数）	29	38	8	12
WIC 漏损水量（万升/天）	655	670	610 ~ 600	635
苏格兰水业税前利润（不包括折旧与摊销）（百万镑）	400	385	390	375

续表

级别1绩效指标	商业目标 2011/12	交付计划目标 2011/12	商业目标 2012/13	交付计划执行情况 2012/13
健康与安全（报告给HSE事故数量）	28	n/a	TBC	n/a
客户体验分数（%）	83	81	82～84	>78
运营费用（核心DP）（百万镑）	334	346	348	357
核心计划收入（百万镑）	1048	1041	1050	1044
总资本花费（百万镑）	485～505	485～505	490～520	505
家庭住户消费者收集绩效（%）	94.3	94.1	93.46	93.31

漏损量的目标值由苏格兰水业委员会设定。健康与安全指按公司要求需要报告给健康安全执行局的事故数量。客户体验分数指在公司抽取的客户中对公司服务表示满意或者非常满意的客户所占百分比。运营费用指为达成交付计划中所指定的绩效指标目标值而产生的运营费用。核心计划收入指因为实现交付计划中的绩效指标目标值而带来的总收入。家庭住户消费者收集绩效指服务家庭客户带来的收入占核心总收入的比例。

除确立核心绩效考核指标外，苏格兰水业公司还需与其监管部门共同商讨决定这些考核指标的目标值。苏格兰水业公司需确保日常运营过程中这些考核指标值达到目标值，从而保证该公司按照既定标准提供供水和污水处理服务。这些指标目标值被称为交付计划目标，也包含在苏格兰水业公司的交付计划内。此外，苏格兰水业公司还针对该考核指标体系自行设置了用于自我检验公司内部运营状况的指标目标值，被称为考核指标的商业目标值。商业目标通常要求公司在达成交付计划目标值的情况下，在各个考核指标上有更好的表现。

苏格兰水业公司董事会需要每月检测第一级别和第二级别运营考核指标。[①] 当某指标没有达成所设立的目标值时，董事会需商讨并采取相应措施，从而保证每个指标值达标。苏格兰水业还需向其监管机构及其公司内部报告绩效考核指标的执行情况。公司董事与员工的激励与奖励机制也与公司在每个考核指标上的运营状况紧密相关。

① 苏格兰水业绩效考核二级指标没有查找到相关资料。

三、北爱尔兰供水行业政府监管体制[①]

（一）监管框架

北爱尔兰供水行业立法框架由北爱尔兰供水与污水处理服务法案和北爱尔兰供水与污水处理服务法案解释性备忘录共同确立。北爱尔兰的供水与污水处理服务的监管工作由消费者委员会、公共事业监管局、供水服务管理部与饮用水监察局各司其职，详见表6。

表6　北爱尔兰供水行业监管部门与职责

部门	职责
消费者委员会	1. 接受并处理供水或者污水处理服务的投诉； 2. 替消费者上交对北爱尔兰供水服务部门不满意回应的投诉
公共事业监管局	1. 负责制定包括供水服务在内的多项公共服务的标准； 2. 监管包括供水服务在内的公共服务的收费事宜； 3. 保护消费者的权益，确保他们能够获得高质量的服务
供水服务管理部（是北爱尔兰环境局的一个部门）	1. 负责保护北爱尔兰的水生环境； 2. 监控供水水质、指定供水质量管理计划、控制污水排放； 3. 采取行动减少污染效应； 4. 支持环境研究
饮用水监察局（隶属于北爱尔兰环境与遗产服务部）	执行由供水与污水处理服务条例（2006年）确立的相关职责

（二）绩效考核

北爱尔兰水业公司负责整个北爱尔兰地区的供水和污水处理服务。该公司创建于2007年4月，属于非政府部门的国有公司，由区域发展部发起，且是其唯一股东。该公司每天大约为79.5万的北爱尔兰住户、农业与商业物业提供5.6亿升用水服务，同时处理大约66万个物业收集的3.2亿升废水。北爱尔兰水业公司构建了企业社会责任策略，核心目标是为北爱尔兰经济发展作出贡献，保护环境，改善其员工及社区的生活质量，详见图3。该公司建立了包含客户、

① 关于北爱尔兰供水行业监管框架与绩效考核相关内容参考 http：//www.niwater.com。

资金、合伙人、合规四个维度的车轮模型，用以阐明北爱尔兰水业公司的主要责任。同时，从客户体验、运营合伙人商业目标、评价合规与评价运营供水效率商业目标四个方面设计了关键的绩效指标，详见表 7 ~ 表 10。

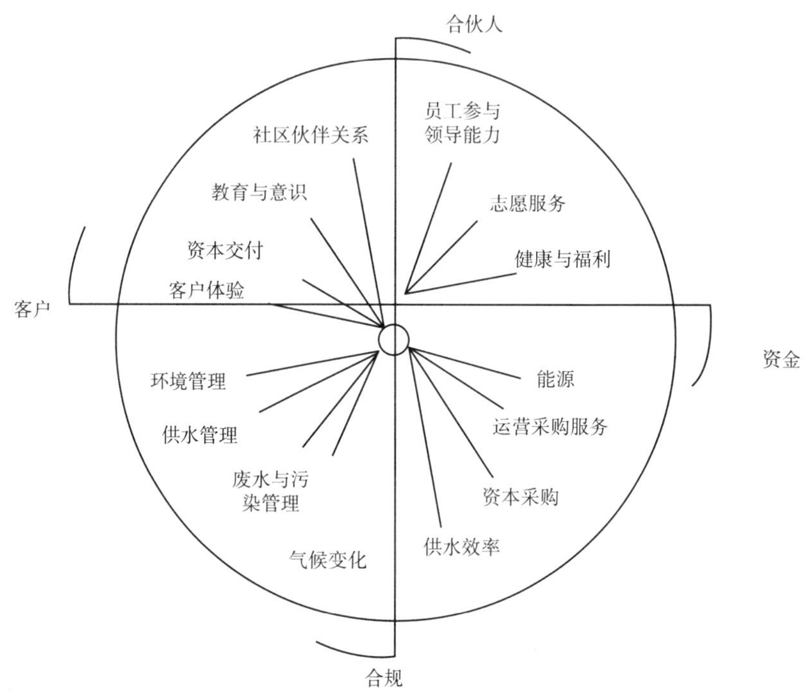

图 3 北爱尔兰水业公司的责任模型

表 7 北爱尔兰水业公司客户体验方面的关键绩效指标

客户体验	
客户服务	在 5 个工作日内回复 99.9% 的收费客户
	在 10 个工作日内回复 98.5% 的书面客户投诉
	保证 97.5% 的非国内客户每年收到一个基于仪表测量的账单
	99% 的客户电话未被忽略
承受能力	每年给非国内用户发送税率信息传单
	为非国内客户提供一系列付费方法与套餐
客户服务注册表	每年举办两次持股人参与论坛
	为注册表中的客户发送周年新闻传单
教育与意识①	包括 6 个方面的绩效考核指标

注：①限于篇幅，关于教育与意识方面的绩效考核指标省略了，有需要者可联系笔者。

表 8　　北爱尔兰水业运营合伙人商业目标的关键绩效指标

维度	指标
员工参与领导能力	(1) 在 2012/2013 年征召 12 个学员，并且设计实施一个内部的学员项目； (2) 98% 的员工同意会将课程推荐给其他人（内部目标 90%）； (3) 平均评价得分达到 5.4（内部目标 4.5，最高分为 6 分）； (4) 为所有受影响的 6/7 级员工实施同工同酬结算； (5) 在 2013 年 3 月底之前在所有的部门推行欧盟技能员工队伍计划模型； (6) 保证所有部门根据员工敬业度调查结果制定实施相应的行动计划； (7) 制定策略提高员工敬业度； (8) 定期走访
健康[①]福利	共包括 14 个方面的绩效指标[②]

注：①限于篇幅，关于健康与福利方面的绩效考核指标作了简化处理，如有需要可向笔者索要；

②限于篇幅，本部分作了简化处理，如有需要可向笔者索要。

表 9　　北爱尔兰水业评价合规方面的关键绩效指标

维度	指标
环境管理	(1) 在所有的新资本项目中考虑与生物多样性相关的问题，并且执行计划服务所要求的环境影响评估； (2) 发展与各环保组织、生物多样性小组的合作伙伴关系； (3) 考虑与野生生物信托基金的合作，并调查与土地利用信托基金的合作机会； (4) 通过学校访问与对公司废水中心的访问，在我们的教育项目中包括生物多样性问题； (5) 举办一个年度环境利益相关者论坛，并邀请 NGO 生物多样性组织以及其他政府部门
供水管理	(1) 99.9% 以上的现有水处理符合 2012/2013 年的水质量标准； (2) 超过 99.7% 的水龙头出水质量符合 2012/2013 年的水质量标准； (3) 减少至少 255 个在 2012/2013 年中水压偏低的物业； (4) 在 2012/2013 年保持漏损率低于 168 万升/天； (5) 在 2012/2013 年不被饮用水监察处起诉； (6) 在 2012/2013 年不被健康与安全执行局起诉或正式警告； (7) 对于 2012/2013 年，所有服务物业中受供水中断影响物业所占的百分比，多于 6 小时的应低于 0.939%，多于 12 小时的应低于 0.202%，多于 24 小时的应低于 0.010%

续表

维度	指标
气候变化	（1）每个季度北爱尔兰水业公司气候变化论坛委员会进行会晤； （2）开发并执行减缓气候变化的战略； （3）完全遵守英国能源效率计划的要求； （4）通过年度信息回馈，报告公司的年度碳排放量； （5）取得并维持碳信托标准资格认证，要取得这一认证，公司必须衡量其碳排放量、达到一个绝对的排放降低量与展示适当的方式控制碳排放； （6）每年增加北爱尔兰水业公司从可再生来源购买的能源消耗的百分比，该百分比应该与上一个年度百分比相同或更高； （7）每一年增加北爱尔兰水业公司生成的可再生能源的总量； （8）对于 2015 ~2021 年时期，在所有重要的资本投资项目评估中包括碳的因素，制定公司的碳排放目标与子目标； （9）开发并执行气候改变适应战略； （10）到 2015 年增加安全供水指数的百分比到 100%，并且维持该百分比

表 10　　北爱尔兰水业评价运营供水效率商业目标的关键绩效指标

维度	指标
能源	（1）每年监控，并对外报告每提供 100 万升水所需要的能源量以及碳排放量； （2）每年监控，并对外报告每处理 1 立方米废水所需要的能源量以及碳排放； （3）每年监控，并对外报告产生的可再生能源的千瓦时数； （4）监控可再生能源的使用总量（千瓦时）及其占总能源使用量的百分比
资本采购	（1）为所有估计支出超过 3 万英镑的货物与服务招标； （2）获得按照既定程序低于 3 万英镑阈值的报价相关数目； （3）保证北爱尔兰水业能够满足供应商的要求，并且所有供应商提供平等的机会； （4）将 Bravo 系统作为所有采购和合约招标的标准电子解决方案； （5）在所有的采购以及基本工程计划合约招标中体现北爱尔兰水业公司可持续采购计划的价值和原则； （6）保证北爱尔兰水业公司的承包商和供应伙伴提倡和支持“尊重人”和“好的工作健康与安全实践”的倡议，以符合工业关系及健康安全实践守则
供水效率	（1）2012/2013 年保持泄漏率低于 168 万升/天； （2）执行供水效率实验研究，以找到北爱尔兰提高供水效率的合适方式； （3）通过在小学的宣传项目，为用水效率的国内审计年度申报表收集信息； （4）通过直接的邮寄活动为商业用户提供商业建议传单（包含在新的资费传单中）； （5）依从北爱尔兰计划表通过年度学校主题竞赛促进重要的关键环保信息的传达

四、英国城镇供水行业监管体制的经验借鉴

本文从监管体制和绩效考核两个维度，对英格兰、威尔士、苏格兰和北爱尔兰的城镇供水行业的监管体制进行了系统分析，上述地区建立了多元化的产权结构，实现了权责明晰、责权明确的监管机构体系，构建了常态化的以绩效考核为核心的绩效考核制度体系，形成了公开信息的数据共享机制，这为新时代中国城镇供水行业市场化改革和加强有效监管具有重要的借鉴意义。在此基础上，本文提出如下政策建议：

第一，产权多元化下的城镇供水行业需要加强有效监管。英格兰和威尔士采取了完全私有化模式，由多个私营公司负责提供供水和污水处理服务，但受公共部门的严格监管。苏格兰、北爱尔兰则采取了所在区域只有唯一一家公有水务有限公司运营的模式，该模式将水务公用事业按照公司法组成的一种公有的有限公司，但其股权所有者为地方政府、省政府或中央政府。尽管供水行业企业的产权结构存在很大差异，但各国议会或政府都相继建立了专门的供水监管机构，对供水行业经营管理过程和产品质量实施了严格且标准化的监管和控制。即不论是垄断性供水企业，还是私有供水企业都要受到监管部门的严格监管。针对当前中国城镇供水企业数量较多、供水企业产权多元化的属性，为此建议根据所在地区的实际情况，有序推进城镇供水行业的产权多元化改革，并完善不同产权供水企业的监管体制。

第二，有效发挥行业协会作用，形成常态化的供水绩效考核机制。绩效考核是政府监管部门实施监管的重要手段和标准，英格兰、威尔士、苏格兰和北爱尔兰为了实现供水行业运营的规范化和标准化，均为供水企业运营设计了相应的考核指标。在指标体系设计上，虽然在指标维度、数量与评价标准上有所差异，但均强调指标设计的全面性、系统性、完善性和精细性，并每年根据实际情况不断进行调整，力图涵盖供水行业运营的方方面面。建立全面的供水企业绩效考核指标，有助于供水监管部门对全行业供水企业经营状况进行评价，有利于建立行业标杆，并促进经营状况较差的企业提高运营管理能力和技术水平，从而实现全行业的经营水平的提升或使运营绩效较差的供水企业可能被淘汰或被兼并。中国已经建立供水绩效制度，为此建议可通过正式或非正式制度，发挥中国城镇供水排水协会功能，形成常态化的供水绩效考核机制，通过区域间比较竞争方式，提升中国城镇供水企业运营绩效。

第三，公开供水企业经营信息，降低企业与用户之间信息不对称。英国各地区城市供水行业政府监管部门在对供水企业绩效考核结束后，都通过各种方式和途径公开城市供水行业绩效考核报告。该报告的内容全面、系统，有利于第三方对供水企业运营实施外部监督，同时也有利于企业之间的横向比较，有序引导行业的兼并或扩张行为，增加公众对行业的信任度。如英格兰的每一个供水公司都被要求向水务监管局报告绩效指标的指标值，报告频率至少是每年一次。鉴于供水企业经营信息公开能够有效提高企业与用户之间的信息不对称性，促进供水企业之间的区域间比较竞争，为此，本文建议公开供水企业生产经营绩效的有关数据信息，从而提高企业的区域间比较竞争程度，增强公众对供水企业经营绩效的知晓度与信任度。

参考文献

[1] 陈柳钦．专业化分工深化与产业集群演进［J］．天府新论，2007（3）：47.

[2] 黄宁，魏海涛，沈体雁．国外城市水务行业绩效管理模式比较研究［J］．城市排水行业管理研究，2013（8）：138－142.

[3] 李爽，韩伟．英国水务绩效管理经验研究［J］．城镇供水，2012（1）：68－70

[4] 马丁·布劳克兰等．荷兰供水行业的公有私营模式［M］．中国建筑工业出版社，2008.

[5] 彭志平．标杆管理：强化城镇水务管理的有效工具［J］．中国建设报，2008－09－04.

[6] 王文利．水务市场化改革与法律保障研究［D］．湖南大学，2011.

[7] 张现国．中国城市供水绩效指标体系构建及指标权重划分研究［D］．北京建筑工程学院，2011.

[8] Junier，S. & Mostert，E. A decision support system for the implementation of the water framework directive in the Netherlands：Process，validity and useful information［J］．Environmental Science and Policy，2014（40）：49－56.

[9] Junier，S. & Mostert，E. The implementation of the water framework directive in the Netherlands：Does it promote integrated management?［J］．Recent Advances in Water Resources Management，2012（47－48），2－10.

[10] The Department for Business Innovation & Skills（BIS）．The smart city market：Opportunities for the UK［M］．London，UK：The Department for Business Innovation & Skills，2013.

“二重性”视角下的平台竞争和平台治理

陈永伟*

摘　要　本文提出了一个理解平台的“分析框架”。根据这一框架，平台同时具有企业和市场两种属性。根据平台对其利益相关者控制力的强弱，平台可能更类似于企业，也可能更类似于市场。应用“二重性”的观点，本文对平台竞争和治理中的一些问题进行了探讨。本文认为，在面对平台竞争中的问题时，应当充分考虑平台的“二重性”，有针对性地制定相关的竞争政策。在进行平台治理时，应当根据平台的具体性质划分政府管制和平台治理的边界，并设计相关的治理策略。

关键词　平台　二重性　竞争　治理

一、引言

所谓平台，就其最一般的意义而言，就是用户（如买方和卖方）之间交换商品、服务和信息等的交易场所（Martens，2016）。[①] 作为商业模式和组织形式，平台由来已久，农贸市场、婚介所等在本质上都可以归为平台。不过，由于受到空间和交易成本等因素的限制，这些原始形式的平台无法在规模上实现膨胀，因此只能在经济中扮演并不重要的角色。

但在最近几年，古老的平台模式却焕发出了勃勃的生机，迅速成了经济生活中不可忽视的一股力量。在互联网技术的推动下，平台服务所受的地域

---

* ［作者简介］陈永伟，北京大学市场与网络经济研究中心，100871。

① 关于平台定义的更多讨论可以参考：陈永伟．平台经济的竞争与治理问题：挑战与思考［J］．产业组织评论，2017（3）．

限制被打破了，其为客户提供交易匹配、信息交流等服务的成本也大幅降低，平台本身所拥有的“网络外部性”终于得到了充分的发挥。在这样的背景下，一些平台实现了爆发性的增长，仅用了很短的时间就积累了传统企业需要用几十年、甚至上百年才能积累起来的财富。统计显示，2007 年世界上市值最高的十大企业中只有一家采用了平台模式，而在 2017 年，市值最高的十大企业中已经有七家采用了平台模式（见表 1）。

表 1　　2007 年与 2017 年全球市值最高的十家企业比较

2007 年		2017 年	
企业名	市值（10 亿美元）	企业名	市值（10 亿美元）
埃克森美孚	467	**苹果**	815
通用电器	394	**Alphabet**	637
微软	265	**微软**	558
中国工商银行	259	**脸书**	485
花旗集团	243	**亚马逊**	461
AT&T	238	伯克希尔·哈撒韦	438
皇家荷兰壳牌	232	**阿里巴巴**	415
美国银行	230	**腾讯**	394
中国石油	225	强生	357
中国移动	207	埃克森美孚	323

注：本数据分别来自 2007 年和 2017 年第二数据，根据各企业财报整理。字体加黑的企业为平台型企业。

平台的兴起，让整个经济和社会的运行发生了很大的改变。一方面，平台让经济中的各个主体更有效率地实现了连接，不仅给人们的生活带来了极大的便利，还极大提升了整个经济的资源配置效率。另一方面，平台经济的迅速发展也产生了很多问题。例如，在平台经济条件下，非常容易产生“一家独大”的市场结构。与此同时，相比于传统企业，平台企业也更容易在竞争中“滥用”其市场力量。

在这种背景下，应该如何规范平台竞争、如何对平台进行治理，成了理论研究者和政策制定者共同关心的问题。一些观点认为，平台，尤其是超级平台的兴起可能会严重干扰市场的竞争秩序、侵害消费者权益，因此应该对其进行严格的监管（互联网实验室，2018）。而另一些观点则认为，对于平台这样的新生事物应当采取更为审慎、包容的态度（张穹，2018；吴敬琏，

2018；黄勇，2018）。那么，究竟哪一种观点才是正确的？我们又应该对平台抱以怎样的态度呢？这在很大程度上取决于我们如何看待平台的本质。

为了理解平台的本质，本文提出了一个“二重性”的分析框架。根据这个框架，平台同时具有企业和市场的二重属性。根据平台对其利益相关者控制力的不同，平台在企业与市场之间形成了一道“光谱”。当平台的控制力更强时，它表现出更类似于企业的性质；而当平台的控制力相对较弱时，它表现出的性质则更类似于市场。利用这一框架，本文对平台竞争和治理中的一些问题进行了分析和探讨。

除引言外，本文共分为四个部分。第二部分对平台的“企业－市场二重性”，以及平台的一些特点进行了介绍。第三部分用“二重性”观点对平台竞争中的一些问题进行了探讨，指出在分析市场结构、企业“滥用市场支配地位”等问题时，应当充分考虑平台的市场属性，而不应该简单套用传统的竞争法思路进行判断。第四部分用“二重性”对平台治理的一些问题进行了讨论。在这部分，我们指出应当根据平台的控制力及其造成的外部性作为标准，划分平台和政府之间的责任界限。在此基础上，我们还对平台治理的总体思路进行了一些探讨。第五部分是结论。

二、平台的本质和特点

（一）平台的“二重性”

罗纳德·科斯（Ronald Coase，1937）在一篇著名的论文中，曾提出过一个“企业－市场”的二元观点。根据这一观点，市场和企业是进行资源配置的两种方法。其中，市场主要依靠价格机制来决定资源的配置；而在企业内部，资源配置则主要依靠权威和命令来达成。这两种方法都会产生各自的成本：在市场交易过程中，会产生交易成本，随着市场范围的扩大，交易成本会逐步增大；企业的运作则会带来管理成本，随着企业规模的扩大，管理成本会越来越高。在科斯看来，一个企业的最优规模，是由边际上的交易成本等于管理成本那点决定的。这时，交易成本和管理成本之和最小，资源的配置效率最高。

科斯的这种二元论在企业理论中影响颇为深远，并一直被学者们所采用。不过，其问题也是显然的，那就是它过于强调了市场与企业的对立，而忽视了它们之间的“中间地带”。事实上，市场与企业、交易与命令之间的界限并不是泾渭分明的，它们可能存在着混合，而平台事实上就是这种混合的产物。

一方面，所有的平台都有员工、有资产、有层级结构，对内会用命令来进行资源配置，对外需要参与市场竞争，这些都是和传统的企业类似的。除此之外，一些平台还对其利益相关者有着一定的控制力，例如网约车平台可以对司机进行调度，这就在很大程度上表现出类似企业的性质。但另一方面，平台并不像传统的企业一样直接生产或销售商品，它们要做的更多是匹配供需，让销售者和消费者找到最适合的彼此。例如，电商平台并不销售商品，只提供交易的市场；共享住宿平台并不拥有旅馆，只对户主和住户进行撮合。从这点上看，平台更像一个市场，或者更确切地说，一个市场的管理者（Tirole，2017）。

在不同平台之间，其“二重性”的表现是完全不同的。根据对其利益相关者控制力的强弱，平台可以在市场与企业之间构成一道连续的“光谱”（见图1）。一些类型的平台（如网约车平台），对利益相关者的控制力就很强，因此这类平台就更加类似于企业。另一些平台（如电商平台），对利益相关者的控制力则相对较弱，因此这类平台就更加类似于市场。而其他一些平台（如社交平台），虽然不能够通过硬性命令去直接控制利益相关者，但却可以通过个性化推荐等方式去引导其决策，因此事实上也对利益相关者拥有一定的实际控制力。

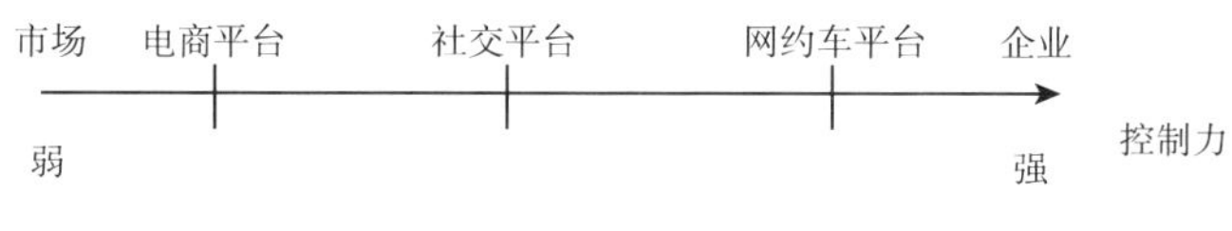

图1 平台“光谱”

在处理具体问题时，我们需要借助一些更为具体的标准来判断平台对其利益相关者的控制力大小。例如，利益相关者是否必须对平台所作出的指令进行回应？其回应是否有时间、形式等方面的要求？如果不予以回应，是否会遭受到来自平台的惩罚？通过对一系列问题的回答，我们可以进一步构造出平台控制力的指数，并用它来判断平台究竟是更类似于企业，还是更类似于市场。

需要指出的是，随着交易成本的变化，平台可能在这道“光谱”上产生移动。以民宿平台为例，在西方国家，爱彼迎（Airbnb）等民宿平台通常只作为住户和旅客之间的交易中介，介入民宿的直接管理较少。而在中国，以小猪短租为代表的一些民宿平台则会较大幅度介入民宿的管理，对其卫生、安全状况进行直接的控制。这在很大程度上是由于中国缺乏西方的“bnb 传统”[①]，住户和房东之间的相互信赖较低，相应的交易成本较高。针对这一原因，平台需要更多地直接介入，以保证交易的达成。

在一些极端的条件下，传统的管道型企业与平台之间也会发生相互转换。[②] 例如，亚马逊在创立时就是一家以售书为主要业务的管道型企业，后来才逐步走向了平台化。而现在发生的一些平台收购上游供应商的现象，则可以视为平台转变为传统的管道型企业。

（二）可以用“二重性”分析的问题举例

理解平台的“二重性”可以帮助我们搞清楚很多看似疑难的问题。

一个例子是网络用工与平台之间究竟是否存在劳动关系。随着共享经济、零工经济的兴起，“非全职、非全时、非典型”的灵活用工日益增多（涂永前，2018）。在这种背景下，关于网络用工与平台之间究竟是一种什么关系的争论也开始日趋激烈：一些观点认为，这两者之间应该构成劳动关系，平台应该对劳动者的权益进行保证；而另一些观点则认为，这两者只是一种中介关系，平台无需对劳动者的权益予以过多的关注（Lobel，2016）。

事实上，这两种观点都有偏颇。在现实当中，不同平台的经营模式是不同的，有的平台对网约工的控制力较强，而另一些的控制力则相对较弱。根据“二重性”的观点，我们可以将前一类平台近似看作企业，因此它和网约工之间就应该存在劳动关系；而后一类平台在性质上则更类似于市场，它更多的是提供中介功能，因此认为其和网约工之间存在劳动关系就是不恰当的。

另一个例子是对《电子商务法》第三十八条的理解。新颁布的《电子商务法》的第三十八条第二款规定：“对关系消费者生命健康的商品或者服务，平台对商家资质资格未尽到审核义务，或者对消费者未尽到安全保障义务，造成消费者损害的，需要承担相应的责任。”对于这里所指的“相应的责任”应当如何理解，在法律出台前就一直争议不断。一些专家主张这里的责任应当理解为连带责任，而另一些专家则认为这应该是补充责任，两种观点的争执不下甚至导致各审草案中的表述来回变动。[③]

---

① 全称 bed and breakfast，指西方流行的旅行者借宿传统。

② 关于管道型企业与平台之间的相互变化问题，可以参考：Hagiu，A. and Wright，J. Marketplace or Reseller [J]. Management Science，2015，61（1）：184－203.

③ 关于《电子商务法》中平台责任问题的讨论参考：丁道勤.《电子商务法》平台责任“管道化”问题及其反思 [J]. 北京航空航天大学学报（社会科学版），2018（6）；王艺繁. 电子商务平台经营者的民事责任分析 [J]. 法制博览，2018（34）.

其实，平台究竟应该要承担怎样的责任，还是要根据其具体的经营模式来认定。如果平台对平台上的经营者控制力很强，那么它就是一种类似企业的存在。在发生问题，对消费者造成损害时，就应该参照企业在员工出现问题时的情况，要求其承担连带责任。而如果平台对平台上的经营者控制力较弱，那么它就只是在做中介、做市场。在发生问题时，就应该让其承担补充责任。

（三）平台的重要特征

需要说明的是，尽管平台同时具有企业和市场两种性质，但它在扮演这两种不同角色的同时，还有一些独有的特征。

作为在市场上竞争的企业，平台的最大特征是具有跨边网络外部性（cross-side network externality）。所谓跨边网络外部性，指的是平台一侧的用户会关注平台另一侧（或数侧）的用户数量（Rochet and Tirole，2003，2006）。例如，婚姻介绍所就是一个典型的平台，它的两侧分别沟通着男、女两类用户。对于男用户而言，如果平台上有更多的女用户，那么这个平台对他的吸引力将更大；类似地，对于女用户，如果平台上有更多的男用户，那么这个平台对她的吸引力将更大。由于有了这种跨边网络外部性，平台就有机会通过首先撬动一侧的市场来启动“鸡生蛋、蛋生鸡”式的回振作用（见图 2）。例如，网约车平台可以通过补贴消费者来吸引更多用户，而这种效应将吸引更多的司机加入平台，让消费者更容易打车，而这又会反过来吸引更多消费者……利用这种回振效应，企业就可以获得迅速的成长。

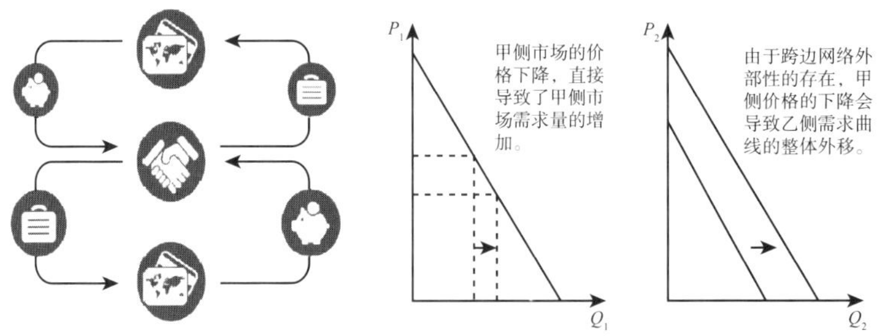

注：平台同时与其两侧的市场进行交易。平台可以通过价格结构来撬动市场。当它在一侧市场降价时，一方面，该侧市场的需求量将会上升；另一方面，另一侧市场的整条需求曲线也会向右移动。

图 2　平台运行的逻辑

作为撮合用户进行交易的市场，平台的最大特征是能够掌握用户的接入权。这让平台企业先天拥有了决定让谁接入市场、与谁进行交易以及怎样进行交易的权利，还让它们得以掌握在这个过程中产生的各种数据和信息。应该说，如果对于一个单纯的市场管理者，那么拥有以上这些权利是无可争议的。但是由于平台本身也是一个企业，因此这些权利有时候就会受到质疑。

三、平台的竞争问题

与传统企业的竞争相比，平台的竞争有很多新的特点。从市场结构上看，传统企业的竞争很难导致“一家独大”的局面，而对于平台竞争来说，“一家独大”则十分常见。从企业行为上看，平台企业则更多地采用传统上被认为是“滥用市场支配地位”的行为。究竟应该如何看待这些新问题，已经成为政策制定者面临的一道道难题。而在破解这些难题的过程中，“二重性”的观点可以提供不少的帮助。

（一）平台竞争中的市场结构问题

1. 从“二重性”角度看平台的“一家独大”

由于跨边网络外部性的存在，平台可以在极短的时间内占据巨大的市场份额，甚至形成“一家独大”的局面。根据传统的反垄断知识，类似企业的存在会导致市场运作的无效率，它会让市场上的商品供给更少、价格更高，消费者的福利也会因此而下降。①

但是，这种观点显然只关注到了问题的一个方面。平台有着“二重性”，它既是企业，也是市场。如果将平台当成市场来看待，那么就会得出截然相反的结论。经济学的原理告诉我们，如果市场是分割的，它将会限制要素的有效配置，而这种资源的“错配”将会造成效率的损失。如果市场是统一、整合的，那么资源的自由流动将会带来更有效率的配置结果。

这个逻辑可以用更为严谨的经济学语言重新加以表述。如果所有用户都只在同一个平台上进行交易，那么它所产生的跨边网络外部性将会达到最大，所有人在这个平台上都会更容易找到交易对象，从而让更多的交易能够达成。如果这些用户分散到了多个平台上，那么跨边网络外部性的力量就会减弱，经济效率也会由此受到损害。正是由于这个原因，一些经济学家认为，平台的“一家独大”事实上根本不是问题，相反，真正的问题在于市场被太多的

① 关于人们对传统经济条件下垄断影响的认识可以参考：Gellhorn，E.，Kovacic，W.，Calkins，S. Antitrust Law and Economics in a Nutshell（5th Edition）[M]. West Academic Publishing，2004.

平台所分割，最优秀的平台不能完全胜出。尽管这种极端的观点可能很难让人接受，但它至少给我们提供了另一个认识“大平台”的角度。

2. 制约平台“一家独大”的平台力量

即使我们完全不采信以上论述，还有很多理由可以帮助我们打消对于“大平台”的疑虑：

第一，多归属（multi-homing）的存在让占据了高份额的平台企业不敢轻易为所欲为。在与传统企业进行交易时，我们通常只会选择其中之一作为交易对象，例如买了苹果的电脑，就一般不会同时买联想的。但在与平台企业进行交易时就不同，消费者可能是多归属的，他们可能同时在多个平台进行交易（Rochet and Tirole，2003）。例如一个消费者可能既是淘宝用户，也是京东用户，淘宝和京东两家可能同时拥有很多消费者、占据很高的市场份额。这种多归属性质的存在，导致平台在选择竞争行为时会有很多顾虑，不敢胡作非为，因为一旦它这样做了，消费者就会去转而选择其他的平台，在这个过程中它们并不用付出太多的转移成本（switching cost）。

第二，跨边网络外部性在带给平台企业野蛮生长动力的同时，也给它们带来了更为严酷的竞争威胁。如前所述，在平台企业成长时，跨边网络外部性会在平台两边产生“回振效应”。这种滚雪球式的成长能让平台企业在短时期内迅速膨胀。但反过来，如果平台企业由于经营不善而流失客户，那么类似的“回振效应”也会产生，如果平台在A侧流失了一个客户，它立即也会在B侧流失客户，而这种效应又会反过来影响A侧……如此循环，其后果将是雪崩式的（Armstrong，2006；Wegl and White，2014）。这种性质的存在，导致平台即使在某一时刻占据了很高的市场份额，它仍然难以和传统经济中的寡头那样高枕无忧，因为只要一不小心，它就难逃“其兴也勃焉，其亡也忽焉”的命运。

一个例子是eBay（易贝）在中国的败退（邓肯·克拉克，2016）。在21世纪初，eBay是中国最大的C2C平台。根据艾瑞（iResearch）的统计数据，2004年eBay的市场份额为72.4%，占据绝对的优势地位。而相比之下，淘宝当时的市场份额只有7.8%，显得十分弱势。但是就在这样的绝对优势下，eBay却连续犯了一系列错误。先是试行收费，后是拒绝把电子支付系统移植到中国。在这种背景下，商家和消费者开始转而投向淘宝。当eBay发现问题时，已大势已去。到2005年底，eBay的市场份额已经降至了36.4%，而阿里的市场份额则上升到了58.6%。不久之后，eBay退出中国，而阿里的版图也随之奠定。

第三，跨界竞争的普遍存在，导致了平台之间竞争的空前激烈。有关平台的一个担忧是，网络外部性会让企业在获得足够大的市场份额的同时构筑起很高的进入门槛，这会阻止新的企业进入，让竞争无法发生。但真实的情况并非如此。诚然，网络外部性会带来很高的进入门槛，只有实力强大的竞争者才有可能逾越这种门槛。但事实上在平台时代，这种实力强大的竞争者其实并不缺乏，它们很可能是来自另一个领域的平台企业。

战略管理中有一个名词，叫“平台包抄”（platform envelopment），指的是平台企业利用其在一个市场上的优势去参与另一个市场的竞争（Eisenmann et al.，2011）。在近些年中，“平台包抄”的案例在商界不停地上演。一个典型的例子就是美团与滴滴的竞争（孙冰，2018）。滴滴在并购了优步之后，一度在网约车市场上占据了九成以上的市场份额。尽管后来遭到了神州等企业的反击，但它在网约车市场的绝对霸主地位依然难以动摇。不过，就在这样的局势下，美团这家做网上订餐起家的企业却进军了网约车市场，并迅速在多个城市与滴滴展开了对峙。而作为回应，滴滴也开始组建团队，准备试水外卖业务。不同领域之间的平台巨头彼此实施包抄，进行跨界较量，事实上让平台企业面临的竞争比以往更为激烈。

值得一提的是，面对越来越频繁的跨界竞争，过度的、不合理的行政管制反而可能限制竞争。例如，现在某些地区对网约车的管制过于苛刻，这反而限制了新的网约车企业的进入，导致了竞争的不充分，损害了交通效率。

第四，技术的迅速迭代令“熊彼特式创新”频繁发生，这令平台企业即使占有了高市场份额也难以长期保持市场力量。在反垄断实践中，市场力量的评估除了需要参考其市场份额外，还需要对产业发展的趋势进行分析。如果企业所处的产业是迅速变化的，那么企业就很难凭借高市场份额来操控市场。原因很简单，当技术变革发生后，它所处的整个产业都会像熊彼特所说的那样被“破坏性的创造”（creative destruction）所颠覆（熊彼特，1990）。在这种情况下，份额就失去了原本的意义。平台企业是互联网发展的产物，它们的成功与失败都是与互联网技术发展紧密交织的。众所周知，互联网技术的更新迭代十分迅速，这就决定了平台的兴衰也会频繁发生。

一个典型的例子是雅虎的失败（唐盛涛，2017）。雅虎可能是互联网时代初期最为成功的平台企业。凭借其首创的门户模式，“雅虎帝国”曾所向披靡，连续多年蝉联全球互联网企业市值首位。但是，在搜索引擎的技术取得突破后，它迅速取代门户网站成为了人们检索互联网信息的最主要工具。在这种背景下，谷歌迅速崛起，一跃成为新巨头。而与此同时，曾经风光无限的雅虎却急速衰落，最终在2016年以48亿美金被通信巨头威瑞森（Verizon）收购。回顾雅虎的失败可以看到，其实它在其原本的业务范围——门户网站上，并没有犯任何重大的错误。相反，其经营非常成功。它所犯的唯一错误，是忽视了搜索引擎这种新技术。而这个错误，就已经为后来的失败埋下了伏笔。

由于以上几方面原因的存在，平台企业即使占有了高市场份额，也不能消灭竞争。相反，它们面临的竞争变得更加频繁、更加激烈、更加事关生死存亡。经济学家戴维·S. 埃文斯（David S. Evans，2017）对世界顶级平台的经营状况进行过一项研究。结果发现在最近几年中，这些平台在行业内的排名变化非常之大。曾经叱咤风云的MySpace、Nokia/Symbian等平台，已经风光不再。而Google AdWords等老牌广告平台也正在受到新生的Facebook广告业务的挑战。由此可见，那些占据了高份额的大平台其实也不能高枕无忧。

（二）平台竞争中的行为问题

人们对平台的另一个忧虑来自它们的“反常”行为。例如，它们会向某些消费者索取极低甚至免费的价格，同时又向另一些消费者索取很高的价格，这很容易让人们怀疑这些平台是不是从事“掠夺性定价”或者“垄断高价”的行为。又如，一些大的电商平台经常要求在其上经营的商户不能在其他平台上经营，而相比之下传统商家很少采用这样的行为，这又很容易让人怀疑这些平台是在利用其垄断地位压榨商户。

尽管对于传统企业而言，以上“反常”行为很难让人理解，但其实它们很大程度上是平台的“二重性”本质及其相应特征的体现，是正常的商业模式，而不一定是对其市场力量的滥用。下面，我们将以平台的三种“反常”行为——定价、排他性交易行为和“数据垄断”为例，对此予以说明。

1. 对平台“反常”定价行为的分析[①]

由于平台具有跨边网络外部性，因此除了绝对价格水平外，价格结构也会对交易量和利润产生影响。[②] 例如，如果平台对撮合的每一笔交易收取100

① 关于这个话题的进一步讨论可以参考：Wright，J. One-sided Logic in Two-sided Markets [J]. Review of Network Economics，2004，3（1）：44－64.

② 事实上，一些文献中甚至把具有价格的结构性作为定义“双边性”的主要标准。参见：Rochet，J.－C.，and Tirole，J. Two-sided Markets：A Progress Report [J]. Rand Journal of Economics，2006，37（3）：645－667.

元，那么让 A 侧的消费者付 90 元，B 侧消费者付 10 元，与让 A、B 两侧的消费者各付 50 元将会产生完全不同的结果。这种"价格结构非中性"的存在，让企业可以通过调整价格结构获得更高的利润，但是这种对价格结构的安排就可能带来很多误解。

考虑这样一种情况：假设企业每撮合一次交易，需要在 A、B 两侧各投入 45 元成本，总成本为 90 元。它决定对每笔交易收取 100 元，那么从总体上看，它的利润率为 11.1%，既不高，也不低，合理合法。但如果它决定让 A、B 两侧的消费者分别分担这 90 元和 10 元时，那么问题就来了。在 A 侧，它的利润率将高达 100%，在传统的商业逻辑下是严重暴利，很可能遭到"垄断高价"的指控；而在 B 侧，它则亏损了 35 元，有"掠夺性定价"之嫌。

在这个例子中，无论是指责 A 侧市场的"垄断高价"，还是指责 B 侧市场的"掠夺性定价"，都是基于单边市场的逻辑，将平台完全等同于传统企业所得出的结论（Wright，2004）。如果我们考虑了平台多边市场属性，那么这种指责在事实层面就是不成立的。更为重要的是，平台的价格策略其实是启动市场的一个重要策略。由于市场各侧的价格弹性是不同的，因此企业通过调整各侧之间的价格结构，就可以充分利用"跨边网络外部性"来做大市场（Parker and Alstyne，2014）。一旦市场发育做大了，更多原本无法进行的交易就可以实现，同时规模效应也会体现出来，相关的成本将会出现大幅下降，整个社会福利的"蛋糕"将会变得更大。如果基于单边逻辑下静态效率的考量否认价格结构的合理性，其实也就取消了上述可能性。

2. 对平台排他性交易行为的分析

2017 年，某电商平台的"二选一"行为引发了热议。一些观点认为，该平台要求在其上经营的商户只能在单独的电商平台上经营是滥用市场支配地位的行为，是对商家选择权的粗暴干预（互联网实验室，2018）。一时之间，该电商平台遭受了很大的舆论压力。

但是，如果我们从更理性的角度来重新思考这个问题，就会发现以上观点其实有颇多值得商榷之处。用经济学术语讲，"二选一"被称为排他性交易行为。在传统的产业组织文献中，其实就有不少文献对这种行为进行讨论。根据这些文献，排他性交易产生的竞争效应其实并不明确：一方面，它可能传导垄断力量（Kaplow，1985）、增加对手成本（Salop and Scheffman，1983），从而限制竞争、损害消费者的福利；另一方面，它也有助于降低交易成本、减少“搭便车”（free rider）（Telser，1960；Marvel，1982）、解决“敲竹杠”（hold-up）问题（Besanko and Perry，1993），从而让竞争变得更有效，让消费者福利变得更高（Bernheim and Whinston，1998）。事实上，在某些学者看来，排他性交易行为本身就不应该被认为是对竞争的限制，相反它本身就是竞争，因为它意味着不同的企业都必须用尽全力，让交易对象选择自己作为唯一的伙伴。[1]

相比于传统企业，平台企业的排他性交易行为可能更具正当理由。[2] 由于平台除了具有企业性质外，还具有市场性质，因此它理应具有维护市场秩序的义务。为了让平台有效履行这些义务，就应当承认其某些权利。挑选市场中的商户，要求它们只能在一个市场经营，很大程度上也可以被视为是维护市场秩序、加强市场管理的一项措施。从这个角度看，这种行为应当具有一定的合理性。

当然，这并不意味着平台的所有排他性交易行为都是正当的。不可否认，一些平台企业也有可能利用其市场支配地位拒绝交易，并且也可能造成损害市场效率的后果，这样的行为当然应该管制。但是，在决定哪些行为应该管制、哪些行为不应该管制之前，应该更多地对行为的竞争后果进行分析，而不应该仅从行为就得出结论。

3. 对“数据垄断”行为的分析

“数据垄断”是人们对平台企业的又一个担忧。由于平台本身具有市场的性质，因此掌握着用户的“接入权”，可以很容易获得用户的个人信息，以及所有在交易过程中产生的数据。一些观点认为，这种“数据垄断”会带来很多危害：首先，它可能会帮助某些大平台获得更多的竞争优势，构筑起阻碍竞争对手进入的壁垒；其次，它可能会帮助企业对消费者更好地进行价格歧视，从而侵害消费者的福利；最后，它也可能让消费者的隐私时刻遭受被侵犯的危险。

对于以上的这些忧虑，我们应该用更为理性、客观的观点来加以分析，综合权衡其可能带来的收益和成本。

一方面，平台“垄断”数据的收益应当包括其作为企业的收益，以及其

---

① 具体来说，排他性交易是属于“争夺市场”（competition for markets），它和“在市场中竞争”（competition in markets）不同，但也是竞争的一种形式。参见：Aghion，P. and Bolton，P. Contracts as a Barrier to Entry [J]. American Economic Review，1987，77（3）：388－401.

② 关于平台环境下排他性交易的讨论，可以参考：Evans，E. Economics of Vertical Restraints for Multi-Sided Platforms [J]. Coase-Sandor Institute for Law & Economics Working Paper No. 626，2013.

作为市场的收益。首先，目前数据已经是一种重要的生产资料。作为一个企业，当平台企业掌握了足够的数据后，就可以更好地掌握消费者偏好，从而更有针对性地组织货物、改进服务，这些都有助于提升消费者的福利（Schönberger and Cukier，2014）。其次，平台本身也是一个市场，通过掌握数据，平台的运营者可以对这个市场进行更有效的组织和治理。在传统经济条件下，市场上的交易者数量相对较小，因此对其进行治理是相对容易的。然而，在平台经济条件下，市场的规模突破了物理的限制，交易者数量成几何级数增长，于是市场的治理就成了难题。例如，在平台上，存在大量陌生人的交易问题，只要其中的一些交易出现问题，就会对整个市场产生较大的负面影响。若平台掌握交易双方的相关数据，就可以在交易之前进行风险提示，在交易后进行有效追责，从而保证整个市场的健康运作。①

另一方面，如果我们对“数据垄断”的成本进行客观的分析，就会发现它其实并没有像人们想象的那么大。

首先，平台利用“数据垄断”来限制、排除竞争事实上远没有想象的那么容易。和所有其他商品一样，一个企业能否垄断数据资源，主要取决于这些数据的可替代性（Stucke and Grunes，2016，2017）。如果这些数据是难以被替代的，那么它就可能被垄断；而如果这些数据容易被替代，那么它就难以被垄断。在现实中，数据资源的可替代程度究竟如何呢？研究表明，数据的可替代程度其实是比较强的（Lambrecht and Tucker，2015；Tucker and Wellford，2015）。在大数据环境下，很多数据其实可以通过别的维度的数据推断出来。例如，我可以不知道一个人住在哪儿，但是可以通过观察他每天的行动轨迹判断他的住处。从这个意义上讲，即使有某个企业独家拥有了关于住处的信息，也无法形成垄断。这个例子告诉我们，平台试图通过垄断数据来排除和限制竞争，其实具有很大的难度。而面对大平台的“数据垄断”，新的企业也并非没有机会。

其次，对于平台利用数据进行价格歧视，也应该具体情况具体分析。这里需要首先说明的是，从纯经济学的角度看，“价格歧视”其实是一个中性词。相比于垄断定价，它对社会总福利是更有利的，只不过它将部分消费者剩余转移到了企业身上。

---

① 一个例子是共享住宿平台的治理。共享住宿的产业性质决定了平台必须撮合大量陌生人之间的非重复交易。在传统条件下，类似的交易很容易产生各类纠纷，甚至安全问题。而当平台拥有了房主和住户的大数据后，就可以有效地控制类似风险的发生，从而让这个市场有序运作。

基于数据条件下的价格歧视有什么特点呢？从理论上讲，它有助于实现以往只能存在于教科书上的“一类价格歧视”，即对所有消费者都收取不同的价格，让企业攫取所有消费者剩余。究竟应该如何看待这个后果，很大程度上取决于我们采取什么样的立场：如果我们采用的是纯功利主义的立场，那么这个结果其实是相当好的，因为它实现的社会总福利事实上达到了最优值，因而也是最有效率的。但如果我们站在消费者的立场上看问题，那么这个结果就似乎不太合意了，因为他们将得不到任何消费者剩余。

这里需要指出的是，尽管基于数据的价格歧视确实可能消除所有消费者剩余，但它也让更多“长尾消费者”的需求可以被满足，让很多原本不存在的交易得以实现。如果综合权衡利弊，那么这种价格歧视对消费者整个群体来讲，也未必是不合意的。此外，基于数据的价格歧视产生的分配效果也未必如人们想象的那样不公正。事实上，产业组织理论告诉我们，如果企业不能完全识别出所有消费者的个人特征，那“二类价格歧视”将是一个常用的选择。而“二类价格歧视”的后果将是以牺牲低需求者的利益来满足高需求者的利益，这是十分不公平的。[①] 相比之下，在数据帮助下实现的“一类价格歧视”则让高需求者付出更多代价，让低需求者付出更少代价，从这个意义看，它是更公平的。

最后，对侵犯隐私的威胁，应当更为审慎地加以看待。如果平台拥有了关于个人的大量数据，就很容易对人们的隐私构成威胁，导致了很大的侵权风险。这种风险的存在当然不可否认，但有一点值得说明的是：隐私权这个概念本身就是一个历史的概念，它的形成和发展，受划定隐私权的成本和收益状况影响（Holvast，2009）。在古时候，人与人之间的关系很密切，距离感很小，并不存在隐私权。这是因为，当时个人应对自然和社会的各种风险的力量相对较小，需要相互抱团。在这种情况下，大家放弃隐私权换取更大的合作从经济上看更为合意。而随着生产力的进步，个人应对各类风险的能力上升了，抱团变得相对不那么重要了，隐私对人带来的收益压过了成本，隐私权这个概念才被提了出来。从这个角度看，如果在某一阶段，放弃一些隐私权换来的收益又能大过由此带来的损失，那么个人让渡一些隐私权将会是合意的。事实上，在大数据时代，人们通过放弃一些隐私，就能换来更多、

① 关于这个结论，可以参考任何一本产业组织的教科书，例如，Tirole，J. Industrial Organization［M］. MIT Press，1988.

更便利、更为个性化的服务，这些都会产生很大的社会福利。[①] 如果考虑到这一点，那么因平台带来的侵权风险所造成的净成本也并没有这么大。

四、平台的治理问题

由于平台具有企业和市场的"二重性"，因此其治理就兼具公司治理和市场治理的性质，其涉及的利益相关者非常多，需要权衡的因素也非常复杂。目前，关于平台应该怎样治理，在治理中应该秉承哪些目标、采取哪些手段，都有很大的争议。限于篇幅，本部分只对其中的几个问题进行探讨。

（一）政府管制与平台治理的界限

1. 管制与治理：定义和特征

很多有关平台的争议，事实上源于对平台治理界限的理解差异。这里讲的平台治理，是以平台作为主体，对以自身为中心的生态的治理。其中，平台生态指的是由平台及其参与者构成的生态（Boudreau and Hagiu，2011），而治理是一套规则，它规范着谁参与生态系统、怎样分配价值、怎样解决纠纷（Parker and Alstyne，2014；Tiwana，2013）。

要对某一事物进行管理，无非有两种思路：一是以政府主导的管制（regulation）；二是以相关主体自发组织、自发参与的治理（governance）。这两种管理模式有很多不同：其一，从目标上看，政府管制是以社会总福利最大化为目标，而平台治理的目标则未必如此。它可能有其他目标（例如平台利润最大化）。其二，从管理手段看，平台治理要多于政府管制。政府管制只能以禁令、价格限制等有限的方式实施，而平台治理的工具则更多，除了可以利用价格等常规手段，还可以通过设定规则、声誉机制等方式进行治理。其三，从信息获取看，平台比政府更有优势获得本地知识（Boudreau and Hagiu，2011）。

2. 如何划分管制和治理的界限

如前所述，平台有其"二重性"，除了是企业，还具有市场管理者的属

---

① 事实上，隐私是分等级的，有些所谓的"隐私"对于个人而言其实并不重要，用它们来换取服务其实对人们是更有利的。美国隐私保护专家、前白宫首席信息官佩顿在《大数据时代的隐私》一书中指出，隐私是以个体为中心的同心圆，越接近圆心越不愿意让渡隐私。在同心圆的外围，个体产生交集，也产生了隐私的交换，并以此获得友谊、亲情、理解，甚至经济利益。参见：Payton，T. Privacy in the Age of Big Data：Recognizing Threats，Defending Your Rights，and Protecting Your Family［M］. Rowman & Littlefield Publishers，2015.

性。作为一个市场管理者，它需要承担起部分管理责任。但是，究竟哪些事情应该由平台管、哪些事情应该由政府管，其中需要一个界限。

那么，平台治理与政府管制之间的界限究竟应该如何划分呢？这需要权衡这两个选项的成本和收益。政府管制的优势在于其目标（至少从理论上看）更符合公众利益，但劣势在于其掌握的信息和工具更少。[①] 而平台治理的劣势在于它的目标并不是公众利益最大化，平台本身的利益和公众利益之间就存在着冲突；其优势在于更多的信息掌握和更多的可选择工具。双方成本收益的权衡决定了政府管制和平台治理之间的界限。

需要强调的是，政府管制与平台治理之间的相对成本收益状况、平台经营的业务及其商业模式具有很大的关系。为了讨论的便利，这里我们只考虑两个维度——平台所经营的业务的外部性和平台对其利益相关者的控制程度。

先看前一个维度。在现实中，平台的业务千差万别。其中一些平台的业务具有的外部性很强，例如，P2P 平台可能会引发较大的金融风险，网约车平台可能会带来安全的隐患。而另一些平台的业务所具有的外部性则相对较小，例如，电商平台充其量只涉及一些假货问题，其对公众利益的潜在威胁是很小的。显然，根据平台业务所具有的外部性强弱，管制和治理的边界应该做出变动。

对于后一个维度，我们在前文已经进行了比较多的探讨。这里需要补充的一点是，当平台对其利益相关者的控制力较弱，其属性更偏向于市场一边时，其对公众利益的关心将会是比较多的。原因很简单，因为在这种情况下，将市场治理好让其更有效地运作将会更符合自身的利益。相比之下，当平台对利益相关者的控制较强，其属性更偏向于企业一边时，其目标与公众利益的偏离就可能较大。

图 3 将两个维度放在一起，形成了四个象限。在第 I 象限中，平台的控制力很强，从性质上更类似于企业，并且其业务具有较强的外部性。对于这类平台，政府就应该强化管制。在管制手段上，可以参考对于企业的管制。在第 II 象限中，平台的控制力较弱，在性质上更类似于市场，但其业务的外部

① 当然，大量文献也表明，政府作为一个外部监管者时，可能被监管者“俘获”。此外，一些政府官员也可能存在寻租动机。这些都会使得政府的目标偏离社会福利最大化。关于“管制俘获理论”，参考：Stigler，G. The Theory of Economic Regulation［J］. Bell Journal of Economics and Management Science，1971（2）：3 - 21；Peltzman，S. Toward a More General Theory of Regulation［J］. Journal of Law and Economics，1976（19）：211 - 248. 关于寻租理论，参考：Krueger，A. The Political Economy of the Rent-Seeking Society［J］. American Economic Review，1974，64（3）：291 - 303.

性却较大。应当以政府管制为主，将外部性控制在一个合理的范围内。在这个前提下，也应该发挥平台自身的治理力量，促进平台秩序的生成。在第 III 象限中，平台的性质类似于市场，其目标是和公众利益比较接近的，同时其业务的外部性也较小。对于这种情况，就可以更多发挥平台本身的积极性，依靠平台自身的力量来进行治理。在第 IV 象限中，平台比较类似于企业，但其业务的风险也较小。在这种情况下，政府可以考虑放权，较多依靠平台自身的治理，但与此同时也应该保证适度的监管，以弥补平台工作的不足。

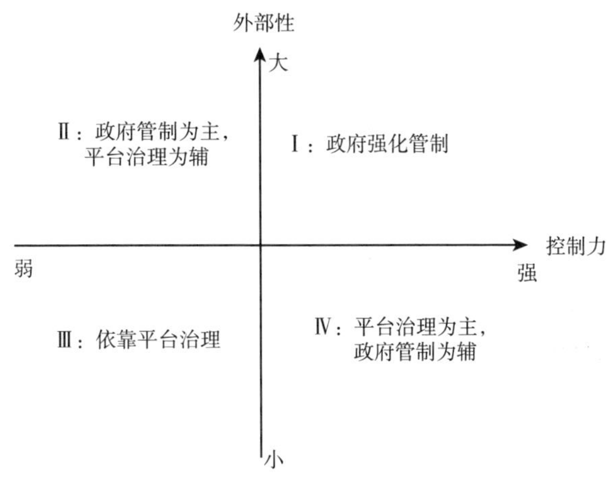

图 3　政府管制和平台治理

一旦我们认可以上分析，平台和政府之间的很多灰色区域就可以被明确。在现行法律未明确禁止的前提下，平台应该有权利制定属于自己的规则，有权利自行选择在其上经营的商户，有权利给商户制定相关的行为标准，并且有权利合理使用平台上产生的数据和信息。只要这种权利安排得当，那么平台就能比政府更好地维持秩序，让市场可以更好地运作。

需要指出的是，尽管相比于政府，平台掌握更贴近市场，更了解现实，但是，一旦它作为市场的管理者，就会面临和政府同样的问题。为了更好地利用本地知识，平台应该鼓励更多的利益相关者（包括商户、顾客等）参与治理过程，共同制定平台规则、维护平台秩序。事实上，现在不少平台已经开始了这种尝试。例如，淘宝平台在处理交易纠纷时引入了“大众陪审团”制度，让商户和消费者代表来帮助裁决纠纷。相比于淘宝官方，具体的商户和消费者掌握对交易情况更加了解，因此他们做出的判断也往往更为准确、更能被当事人认同（Liu and Weingast，2017）。

（二）平台治理的一些思路

平台是一个新事物，对于如何对其进行治理，并没有成熟的经验可以借鉴。在此，我们仅借鉴对其他“治理者”进行治理的经验，提出几点思路：

首先，应当借鉴奥斯特罗姆（Elinor Ostrom）的公共治理思想，对治理规则进行设计。在某种意义上说，平台的生态环境是一种公共物品，而平台的用户则构成了一个社区，其治理也涉及“囚徒困境”和集体行动问题。这就启发我们，可以借鉴奥斯特罗姆等对公共事务治理的思路来对平台治理问题进行思考。

奥斯特罗姆（1990）指出，治理规则主要回答三个问题：“谁来制定规则”“如何分配权利义务”“怎样解决纠纷”。在她看来，在回答这三个问题时，最重要的是要充分调动社会资本、增强社区的整体信任程度，让社区中的利他主义者的积极性被调动起来。为了做到这一点，她提出了八项原则，例如清晰界定边界、保证本地人参与规则制定、由本地人解决纠纷等。这些对于平台治理都是很有启发意义的。

事实上，目前不少平台的实践就体现了奥斯特罗姆的上述思想。例如，前面提到的淘宝“大众评审团”机制就是利用了本地人参与纠纷解决。而滴滴平台最近采用的“公众评议会”制度，则是试图让本地人参与规则制定的尝试。从结果上看，这些实践都取得了不错的成效。

其次，应当用好机制设计思想，构造激励相容的治理规则。当平台作为市场，往往会涉及与巨量用户的交互，如果采用一一应对的方式去治理，会耗费很大的成本。与此相比，采用机制设计的思路，依靠激励相容的治理规则引导平台用户的行为将是更为有利的。

举例来说，对于很多电商平台而言，恶意投诉令人十分困扰。由于存在着信息不对称，平台很难将真正的投诉者和恶意投诉者区分开，而对每一个投诉都认真地加以处理又会耗费很多精力。针对这一问题，可以参考法律经济学中应对恶意诉讼的方法，适当提高投诉成本，制造一个“门槛”，把真正的投诉者和恶意投诉者区分开，从而达到减少恶意投诉、将更多精力分配到真正的投诉上的目的。

再次，应当用好各种治理手段之间的针对性和互补性，发挥好各项治理手段的协同作用。治理模式是多样的，每个平台选择用何种模式来进行治理，要针对具体情况进行具体分析。在治理模式的选择过程中，信息的特征具有至关重要的作用（Dixit，2003）。以第三方媒体治理为例，如果涉及的信息是私人性的，难以被识别和证实，那么采用媒体治理的效果就会很差。如果涉及的信息是公共性的，就比较容易被识别和证实，那么采用媒体治理的效果就会比较好。

最后，应当注意各种治理工具之间的互补性。治理体系是多种要素的组合，各种治理工具之间可能存在着替代或互补，要让治理体系运作更为顺利，就应当尽可能使用彼此之间具有互补性的治理工具（Milgrom and Roberts，1992）。以用评级打分系统对平台商户进行治理为例，从设计的初衷来看，这一系统是为了帮助声誉的积累，但在实践中这一系统很可能存在着偏差，从而导致所传递的信息并不客观。考虑到这一情况，引入一个在线纠纷解决机制可能是有利的，当打分出现了偏差，影响了声誉的客观性时，用户可以通过这个机制来对评价进行纠正。这样，声誉机制的运行就会更好。

五、结语

随着互联网经济技术的迅速发展，平台正日益成为现代经济中重要的组织形式。作为一种新的组织形式，平台具有鲜明的特点，它既是一个企业，也是一个市场。根据平台对利益相关者控制力的强弱，不同类型的平台在科斯意义上的企业与市场之间构成了一道连续的“光谱”。理解平台的上述“二重性”，是理解平台竞争和平台治理的关键。

与传统的企业相比，平台企业不仅成长更为迅速、占据的市场份额更高，而且表现出的行为也十分反常。面对这些，熟悉了传统经济运行的人们很容易认为平台将会成为新的剥削者。本文认为，目前人们对平台的很多疑虑，其实是源于对平台本质的不理解。除了一般的企业属性外，平台还需要担负市场“守望者”（guardian）的任务。① 从“二重性”出发，平台竞争中的很多“反常”问题都可以得到合理的解释。这启发我们，在面对这些问题时，不能采用传统的、单边的思维进行思考，武断地做出结论，应当根据平台的特征，重新评估平台竞争的结果，有针对性地制定竞争政策。

目前，关于如何规范平台行为、让平台更好地发挥作用，还存在着很多争议。在思考这些问题时，我们应该首先认清平台的本质，而不能简单地套用传统思维来考虑平台问题。应该从成本－收益分析的角度出发，根据平台

① “守望者”的说法来自于2014年诺贝尔经济学奖得主让·梯若尔（Jean Tirole），参考：Tirole，J. Economics for the Common Good ［M］. Princeton University Press，2017.

的具体特征，找到平台治理和政府管制之间的边界，明确究竟哪些事应该让平台干，哪些事应该让政府干。在确定了这条边界后，很多不必要的麻烦就可以被避免。

需要指出的是，尽管笔者主张用更为包容、审慎的观点看待平台，但笔者并不否认某些平台确实会利用自己的市场力量来为自己谋利，这时候它就会从守望者蜕变为剥削者。对于这样的平台，当然要谴责、要处罚。但是，所有的这些谴责和处罚都应该基于其行为，以及行为造成的后果。如果仅仅因为某企业是平台，因为它占有了很高的市场份额，就给予特别的“关照”，那就会大错特错。

参考文献

[1] 陈永伟. 平台反垄断问题再思考：“企业－市场二重性”视角的分析［J］. 竞争政策研究，2018（5）.

[2] 邓肯·克拉克. 马云与eBay之战［J］. 二十一世纪商业评论，2016（10）.

[3] 互联网实验室. 网络平台“二选一”对平台发展的影响与对策［EB/OL］. https：//pan. baidu. com/s/1nuO5HLR，2018－12－03.

[4] 互联网实验室. 中国超级电商平台竞争与垄断研究报告［EB/OL］. https：//pan. baidu. com/s/1dEDnBHn? errno = 0&errmsg = Auth% 20Login% 20Sucess&& bduss = &ssnerror = 0，2018－12－03.

[5] 黄勇. 对互联网平台竞争的一些思考［J］. 比较，2018（5）.

[6] 孙冰：美团打车、滴滴外卖能成功吗?［J］. 中国经济周刊，2018（13）.

[7] 唐盛涛. 雅虎公司衰落的教训及启示［J］. 互联网天地，2017（2）.

[8] 涂永前. 应对灵活用工的劳动法制度重构［J］. 中国法学，2018（5）.

[9] 吴敬琏. 平台经济与公共政策［J］. 比较，2018（5）.

[10] 熊彼特，著. 经济发展理论［M］. 何畏等，译. 商务印书馆，1990.

[11] 张穹. 平台竞争的几个主要问题［J］. 比较，2018（4）.

[12] Armstrong，M. Competition in Two-sided Markets［J］. Rand Journal of Economics，2006，37（3）：668－691.

[13] Bernheim，D. and Whinston，M. Exclusive Dealing［J］. Journal of Political Economy，1998，106（1）：64－103.

[14] Besanko，D. and Perry，M. Equilibrium Incentives for Exclusive Dealing in a Differentiated Products Oligopoly［J］. RAND Journal of Economics，1993（24）：646－667.

[15] Boudreau，K. and Hagiu，A. Platforms Rules：Multi-Sided Platforms as Regulators［M］. Gawer，A. Platforms，Markets and Innovation. Cheltenham：Edward Elgar，2011.

[16] Coase, R. The Nature of the Firm [J]. Economica, 1937, 4 (16), 386-405.

[17] Dixit, A. On Modes of Economic Governance [J]. Econometrica, 2003, 71 (2): 449-481.

[18] Eisenmann, T., Parker, G. and van Alstyne, M. Platform Envelopment [J]. Strategic Management Journal, 2011, 32 (12): 1270-1285.

[19] Evans, D. Why the Dynamics of Competition for Online Platforms Leads to Sleepless Nights But Not Sleepy Monopolies [J]. SSRN Working Paper, 2017.

[20] Holvast, J. History of Privacy. The Future of Identity in the Information Society [M]. Springer Berlin Heidelberg, 2009.

[21] Kaplow, L. Extension of Monopoly Power through Leverage [J]. Columbia Law Review, 1985 (85): 515-517.

[22] Lambrecht A. and Tucker, C. Can Big Data Protect a Firm from Competition? [J]. SSRN Working Paper, 2015.

[23] Liu, L. and Weingast, B. Taobao, Federalism, and the Emergence of Law, Chinese Style [J]. Working Paper, 2017.

[24] Lobel, O. The Law of the Platform [J]. Minnesota Law Review, 2016 (101): 87-110.

[25] Martens, B. An Economic Policy Perspective on Online Platforms [J]. EC Working Paper, 2016.

[26] Marvel, H. Exclusive Dealing [J]. Journal of Law and Economics, 1982 (25): 1-25.

[27] Milgrom, P. and Roberts, J. Economics, Organization and Management [M]. Prentice Hall, 1992.

[28] Ostrom, E. Governing the Commons: The Evolution of Institutions for Collective Action [M]. Cambridge: Cambridge University Press, 1990.

[29] Parker, G. and Alstyne, M. Platform Strategy [J]. SSRN Working Paper, 2014.

[30] Rochet, J.-C. and Tirole, J. Platform Competition in Two-sided Markets [J]. Journal of the European Economic Association, 2003, 1 (4): 990-1029.

[31] Rochet, J.-C. and Tirole, J. Two-sided Markets: A Progress Report [J]. Rand Journal of Economics, 2006, 37 (3): 645-667.

[32] Salop, S. and Scheffman, D. Raising Rivals' Costs [J]. American Economic Review, 1983, 73 (2): 267-271.

[33] Schönberger, V. and Cukier, K. Big Data: A Revolution That Will Transform How We Live, Work, and Think [J]. Eamon Dolan/Mariner Books, 2014.

[34] Stucke, M. and Grunes, A. Big Data and Competition Policy [M]. Oxford University Press, 2016.

[35] Stucke, M. and Grunes, A. Data-Opolies [J]. SSRN Working Paper, 2017.

[36] Telser, L. Why Should Manufacturers Want Fair Trade? [J]. Journal of Law and Econom-

ics, 1960 (3): 86 - 105.

[37] Tirole, J. Economics for the Common Good [M]. Princeton University Press, 2017.

[38] Tiwana, A. Platform Ecosystems: Aligning Architecture, Governance, and Strategy [M]. Morgan Kaufmann, 2013.

[39] Tucker, D. and Wellford, H. Big Mistakes Regarding Big Data [J]. SSRN Working Paper, 2015.

[40] Weyl, G. and White, A. Let the Right 'One' Win: Policy Lessons from the New Economics of Platforms [J]. SSRN Working Paper, 2014.

[41] Wright, J. One-sided Logic in Two-sided Markets [J]. Review of Network Economics, 2004, 3 (1): 44 -64.